紫白精義全書高階

附紫白原本錄要及八宅詳解

繼大師著

《紫白精義全書高階》附《紫白原本錄要》及八宅詳解

繼大師著

自序

繼大師

本書一至五章，把紫白飛星甚少公開的〈紫白時星〉排法及飛泊到宮的尋法，加上紫白飛星的年、月、日、時的綜合配法，清楚講解，並說出用《正五行擇日法》配以《紫白飛星》的使用方法。

本書雖說出〈紫白〉的精義，其實已由擇日進入風水的範圍內，說明〈紫白〉與〈八宅〉之關係，其八宅原理等，均是筆者繼大師多年來之個人心得口訣，在坊間中均是首次公開，至於在術數界中慣用之名詞，對於一般未學過術數之人，聽來尤覺恐懼，什麼：五鬼、禍害、絕命、六煞、蚩尤星、破軍星、病符、廉貞……

聽落不禁毛骨悚然，其實，諸多名詞只是說出吉凶之理罷了！簡單說出就是：

數合則吉

數不合則凶

眾生就是生於天地間，被五行之數所影響而左右着，吉凶隨而應之，其實人生之禍福，原是自心之演變，自作是自受的，風水八字術數之吉凶，或許是預測因緣果報來臨時之一種數據。

佛家說因果
道家說氣數

這當中是定數，雖是定數，仍牽涉有人為之因，這就是數外之數，想趨吉避凶，唯有人心之轉化而矣，這必須具備有大修行家所修出最大的福慧力不可，這當中固然有心念轉化之密秘法，而風水術數是助緣，把果報之時間推後，爭取修持時間，最後如能將業力化空化無，便是消遙自在仙。

至於本書之尾部份，是將在元末出現之《紫白原本錄要》作一註解，加上筆者繼大師個人心得而演繹。最後數章，更是首度公開 呂師所傳之紫白訣心要，這本書可以說是純粹寫紫白的書了。本書取名為：

《紫白精義全書高階》

筆者繼大師在此聲明：

凡使用此書為善者福德自享
凡使用此書為惡者惡果自受

使用本書擇日助人，或利用本書學問教授別人而斂財，或使用本書給人擇日斂財者，所有因果自行負責，與作者繼大師無關。

凡給人擇日，是給人家解厄增福，這要背負別人之因果，故需本身要具備功德力，外行佈施，內修禪密真言最好，亦可多頌經咒，信耶穌基督者，可多多誠心祈禱，以保護自己及迴向眾生，善行善念，自然有應，否則福報享盡，凶禍立見，慎之！慎之！

謹以此書記念恩師 呂克明先生，承蒙先師多年來的教誨。

寫一偈曰：

悠悠天地間
五行氣常泛
成住轉壞空
因果豈等閒

繼大師寫於香港明性洞天
辛巳年季春吉日
修寫于丁酉年孟夏

（一）最近冬至甲子六十日（上中下元共一百八十日）之紫白時星排法

繼大師

三元紫白在時辰上之編排，是以冬至後之三個甲子六十日作十二支辰（日支）起紫白時星，其原理如下：

（一）以子、卯、午、酉四仲日為上元，以早子時起一白紫白時星，順行時辰而排。

（二）以丑、辰、未、戌四季日為中元，以早子時起四綠紫白時星，順行時辰而排。

（三）以寅、巳、申、亥四孟日為下元，以早子時起七赤紫白時星，順行時辰而排。

當筆者繼大師翻查「紫白時星」之口訣時，發覺在《選擇求真》卷七之「時家三元紫白」訣中有錯誤，現把真正之時家三元口訣公開如下：

三元時白最為佳，冬至陽生順莫差，
孟日七宮仲一白，季日四綠發萌芽，
每把時辰起甲子，本時星曜照光華，
時星移入中宮去，順飛八方逐細查，
夏至陰生逆回首，孟歸三碧季加六，
仲在九宮時起甲，依然掌上逆輪跨。

此口訣有三句是修正過的，《**選擇求真**》一書裡其中之錯訣是：

「孟日四宮仲一白，季日七赤發萌芽……孟歸六白季三加，」

正確之時家三元紫白口訣是：

「孟日七宮仲一白，季日四綠發萌芽……孟歸三碧季加六，」

首先筆者繼大師現解釋孟、仲、季之意義如下：

孟、仲、季出自於四季中之月令，以：

春天
- 孟春——正月——寅月
- 仲春——二月——卯月
- 季春——三月——辰月

夏天
- 孟夏——四月——巳月
- 仲夏——五月——午月
- 季夏——六月——未月

秋天

孟秋——七月——申月

仲秋——八月——酉月

季秋——九月——戌月

冬天

孟冬——十月——亥月

仲冬——十一月——子月

季冬——十二月——丑月

而孟、仲、季是形容四季中之首月、中間之月及尾月，換句話説，以地支十二支辰配合上，可解釋如下：

孟——寅、巳、申、亥。

仲——卯、午、酉、子。

季——辰、未、戌、丑。

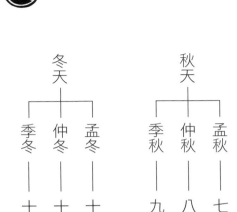

茲列表如下：

	春	夏	秋	冬	所屬地支			
孟	正月	四月	七月	十月	寅	巳	申	亥
仲	二月	五月	八月	十一月	卯	午	酉	子
季	三月	六月	九月	十二月	辰	未	戌	丑

以最近冬至之甲子日為例，如在二〇一三年十二月廿四中之「甲子日」，冬至在十二月廿二日，其方法及程序如下：

（一）以甲子日用「日上起時訣」找出十二個時辰之天干及地支，由於以凌晨零時一分起「甲子時」，又以同日之晚上廿三時正至廿三時五十九分為夜子時，即一天內有兩個子時，地支一樣，而天干之數不同，所以在編配九顆紫白時星在十二個時辰的時候要特別小心留意，現列出「日上起時表」如下：

時支＼日干	甲己	乙庚	丙辛	丁壬	戊癸
子（早子時）	甲	丙	戊	庚	壬
丑	乙	丁	己	辛	癸
寅	丙	戊	庚	壬	甲
卯	丁	己	辛	癸	乙
辰	戊	庚	壬	甲	丙
巳	己	辛	癸	乙	丁
午	庚	壬	甲	丙	戊
未	辛	癸	乙	丁	己
申	壬	甲	丙	戊	庚
酉	癸	乙	丁	己	辛
戌	甲	丙	戊	庚	壬
亥	乙	丁	己	辛	癸
子（夜子時）	丙	戊	庚	壬	甲

從以上「日上起時表」中，屬甲、己之日排至夜子時為「丙子」時，與乙、庚日之早子時一樣，亦是「丙子」時。又戊、癸之日排至夜子時是「甲子」時，與甲、己日之早子時一樣，亦是「甲子」時也。

（二）由於一日有十二個時辰，當配以紫白九星時星的時候，以五日配六十個時辰，以子、卯、午、酉四仲之時辰起上元一白，即是以甲子日之甲子時起一白時星，現列表如下：

最近冬至所出現的甲子六十日內之甲子日甲子時起上元一白時星表

甲子日

早子時	甲子	一
	乙丑	二
	丙寅	三
	丁卯	四
	戊辰	五
	己巳	六
	庚午	七
	辛未	八
	壬申	九
	癸酉	一
	甲戌	二
	乙亥	三
夜子時	丙子	四

當甲子日由甲子時一白時星排起後，至夜子時即「丙子」時是四綠時星，「丙子」時亦是接著甲子日後之「乙丑」日的早子時，乙丑日是屬於四季日，剛好以四綠時星起乙丑日丙子時，並順行時辰而排。

現列表如下：

最近冬至所出現的甲子六十日內之乙丑日丙子時起中元四綠時星表

乙丑日

早子時	丙子	四
	丁丑	五
	戊寅	六
	己卯	七
	庚辰	八
	辛巳	九
	壬午	一
	癸未	二
	甲申	三
	乙酉	四
	丙戌	五
	丁亥	六
夜子時	戊子	七

從以上原理算起，當乙丑日夜子時（戊子時）排上七赤紫白時星後，接著之丙寅日早子時亦是戊子時，丙寅日屬於四孟日為下元，以七赤紫白時星起而順排，現列表如下：

最近冬至所出現的甲子六十日內之丙寅日戊子時起下元七赤時星表

丙寅日

早子時	戊子	七
	己丑	八
	庚寅	九
	辛卯	一
	壬辰	二
	癸巳	三
	甲午	四
	乙未	五
	丙申	六
	丁酉	七
	戊戌	八
	己亥	九
夜子時	庚子	一

丙寅日之庚子夜子時，與丁卯日之庚子早子時，兩者干支是一樣，丁卯日屬四仲日，為上元，以子時起一白紫白時星順飛，列表如下：

最近冬至所出現的甲子六十日內之丁卯日庚子時起上元一白時星表

丁卯日

早子時	庚子	一
	辛丑	二
	壬寅	三
	癸卯	四
	甲辰	五
	乙巳	六
	丙午	七
	丁未	八
	戊申	九
	己酉	一
	庚戌	二
	辛亥	三
夜子時	壬子	四

丁卯日之壬子夜子時，及戊辰日之壬子早子時，兩者干支一樣，戊辰日屬四季日，為中元，以早子時起四綠時星順排。

茲列表如下：

最近冬至所出現的甲子六十日內之戊辰日壬子時起中元四綠時星表

戊辰日

早子時	壬子	四
	癸丑	五
	甲寅	六
	乙卯	七
	丙辰	八
	丁巳	九
	戊午	一
	己未	二
	庚申	三
	辛酉	四
	壬戌	五
	癸亥	六
夜子時	甲子	七

（三）當紫白時星順排了五日後，剛好是一個甲子（六十個時辰），經個十五日後，便剛好排滿三個甲子，即一百八十個時辰，一個甲子六十日，便排上十二組甲子時辰，即七百二十個時辰。

<table>
<tr><td>上元</td><td>60個時辰</td><td>五日</td><td rowspan="3">十五日內
三個六十
甲子時辰
共180個時辰</td><td rowspan="12">上元/中元/
下元各
三元紫白
日星六十日
共有十二組
六十甲子時辰
(720個時辰)</td></tr>
<tr><td>中元</td><td>60個時辰</td><td>五日</td></tr>
<tr><td>下元</td><td>60個時辰</td><td>五日</td></tr>
<tr><td>上元</td><td>60個時辰</td><td>五日</td><td rowspan="3">十五日內
三個六十
甲子時辰
共180個時辰</td></tr>
<tr><td>中元</td><td>60個時辰</td><td>五日</td></tr>
<tr><td>下元</td><td>60個時辰</td><td>五日</td></tr>
<tr><td>上元</td><td>60個時辰</td><td>五日</td><td rowspan="3">十五日內
三個六十
甲子時辰
共180個時辰</td></tr>
<tr><td>中元</td><td>60個時辰</td><td>五日</td></tr>
<tr><td>下元</td><td>60個時辰</td><td>五日</td></tr>
<tr><td>上元</td><td>60個時辰</td><td>五日</td><td rowspan="3">十五日內
三個六十
甲子時辰
共180個時辰</td></tr>
<tr><td>中元</td><td>60個時辰</td><td>五日</td></tr>
<tr><td>下元</td><td>60個時辰</td><td>五日</td></tr>
</table>

在十五日內，紫白時星剛好排滿三個甲子，循環四次剛好是一個甲子六十日，一個甲子六十個時辰作一元，亦剛好有上、中、下之三個大元運也，其道理與年星紫白、月星紫白、日星紫白是同一原理，週而復始，循環不息。

在最近冬至之甲子六十日是上元甲子紫白日星，其後是中元甲子六十日紫白日星，再來是下元甲子六十日紫白日星，與三個甲子共一百八十日之紫白時星之排法是一樣的，列表如下：

冬至陽遁紫白時星分配表（繼大師作表）

冬至陽遁	**上元60日**			
每五日共配六十個時辰	甲子——戊辰日	己卯——癸未日	甲午——戊戌日	己酉——癸丑日
每五日共配六十個時辰	己巳——癸酉日	甲申——戊子日	己亥——癸卯日	甲寅——戊午日
每五日共配六十個時辰	甲戌——戊寅日	己丑——癸巳日	甲辰——戊申日	己未——癸亥日

冬至陽遁	中元60日				下元60日			
每五日共配六十個時辰	甲子——戊辰日	己卯——癸未日	甲午——戊戌日	己酉——癸丑日	甲子——戊辰日	己卯——癸未日	甲午——戊戌日	己酉——癸丑日
每五日共配六十個時辰	己巳——癸酉日	甲申——戊子日	己亥——癸卯日	甲寅——戊午日	己巳——癸酉日	甲申——戊子日	己亥——癸卯日	甲寅——戊午日
每五日共配六十個時辰	甲戌——戊寅日	己丑——癸巳日	甲辰——戊申日	己未——癸亥日	甲戌——戊寅日	己丑——癸巳日	甲辰——戊申日	己未——癸亥日

在紫白日星之上、中、下三元180日內，各元在60日內，以下之紫白時星如圖A（5日）、圖B（5日）、圖C（5日）各循環排列四次，每次15日，共60日。

圖A

甲寅	六	甲辰	五	甲午	四	甲申	三	甲戌	二	甲子	一
乙卯	七	乙巳	六	乙未	五	乙酉	四	乙亥	三	乙丑	二
丙辰	八	丙午	七	丙申	六	丙戌	五	丙子	四/四	丙寅	三
丁巳	九	丁未	八	丁酉	七	丁亥	六	丁丑	五	丁卯	四
戊午	一	戊申	九	戊戌	八	戊子	七/七	戊寅	六	戊辰	五
己未	二	己酉	一	己亥	九	己丑	八	己卯	七	己巳	六
庚申	三	庚戌	二	庚子	一/一	庚寅	九	庚辰	八	庚午	七
辛酉	四	辛亥	三	辛丑	二	辛卯	一	辛巳	九	辛未	八
壬戌	五	壬子	四/四	壬寅	三	壬辰	二	壬午	一	壬申	九
癸亥	六	癸丑	五	癸卯	四	癸巳	三	癸未	二	癸酉	一

圖B

甲寅	三	甲辰	二	甲午	一	甲申	九	甲戌	八	甲子	七/七
乙卯	四	乙巳	三	乙未	二	乙酉	一	乙亥	九	乙丑	八
丙辰	五	丙午	四	丙申	三	丙戌	二	丙子	一/一	丙寅	九
丁巳	六	丁未	五	丁酉	四	丁亥	三	丁丑	二	丁卯	一
戊午	七	戊申	六	戊戌	五	戊子	四/四	戊寅	三	戊辰	二
己未	八	己酉	七	己亥	六	己丑	五	己卯	四	己巳	三
庚申	九	庚戌	八	庚子	七/七	庚寅	六	庚辰	五	庚午	四
辛酉	一	辛亥	九	辛丑	八	辛卯	七	辛巳	六	辛未	五
壬戌	二	壬子	一/一	壬寅	九	壬辰	八	壬午	七	壬申	六
癸亥	三	癸丑	二	癸卯	一	癸巳	九	癸未	八	癸酉	七

圖C

甲寅	九	甲辰	八	甲午	七	甲申	六	甲戌	五	甲子	四/四
乙卯	一	乙巳	九	乙未	八	乙酉	七	乙亥	六	乙丑	五
丙辰	二	丙午	一	丙申	九	丙戌	八	丙子	七/七	丙寅	六
丁巳	三	丁未	二	丁酉	一	丁亥	九	丁丑	八	丁卯	七
戊午	四	戊申	三	戊戌	二	戊子	一/一	戊寅	九	戊辰	八
己未	五	己酉	四	己亥	三	己丑	二	己卯	一	己巳	九
庚申	六	庚戌	五	庚子	四/四	庚寅	三	庚辰	二	庚午	一
辛酉	七	辛亥	六	辛丑	五	辛卯	四	辛巳	三	辛未	二
壬戌	八	壬子	七/七	壬寅	六	壬辰	五	壬午	四	壬申	三
癸亥	九	癸丑	八	癸卯	七	癸巳	六	癸未	五	癸酉	四

冬至後陽遁上中下三元各元六十日起早子時之紫白時星表（繼大師作表）

	冬至後陽遁上中下三元各元六十日之干支							起早子時之紫白時星
四仲日	甲子	癸酉	壬午	辛卯	庚子	己酉	戊午	一
四季日	乙丑	甲戌	癸未	壬辰	辛丑	庚戌	己未	四
四孟日	丙寅	乙亥	甲申	癸巳	壬寅	辛亥	庚申	七
四仲日	丁卯	丙子	乙酉	甲午	癸卯	壬子	辛酉	一
四季日	戊辰	丁丑	丙戌	乙未	甲辰	癸丑	壬戌	四
四孟日	己巳	戊寅	丁亥	丙申	乙巳	甲寅	癸亥	七
四仲日	庚午	己卯	戊子	丁酉	丙午	乙卯		一
四季日	辛未	庚辰	己丑	戊戌	丁未	丙辰		四
四孟日	壬申	辛巳	庚寅	己亥	戊申	丁巳		七

《本篇完》

（二）最近夏至甲子六十日（上中下元共一百八十日）之紫白時星排法

繼大師

三元紫白時星配以時辰，以夏至後最近之甲子六十日作十二支辰而分配，三個甲子六十日（即一百八十日）均使用同一方法而編排，是以九星逆行順十二支辰而配合，其原理如下：

（一）以子、卯、午、酉四仲日為上元，以早子時起九紫紫白時星，逆排九星，順推十二支辰。

（二）以丑、辰、未、戌四季日為中元，以早子時起六白紫白時星，逆排九星，順推十二支辰。

（三）以寅、巳、申、亥四孟日為下元，以早子時起三碧紫白時星，逆排九星，順推十二支辰。

最近夏至甲子六十日之紫白時星排法，其方法與冬至排時星是一樣的，只是逆順飛排不同，道理亦相同，現列出最近夏至所出現的甲子六十日，以甲子時逆排十二個時辰如下：

甲子日

最近夏至所出現的甲子六十日內之甲子日以九紫時星起甲子時表

甲子	九	早子時
乙丑	八	
丙寅	七	
丁卯	六	
戊辰	五	
己巳	四	
庚午	三	
辛未	二	
壬申	一	
癸酉	九	
甲戌	八	
乙亥	七	
丙子	六	夜子時

乙丑日

最近夏至所出現的甲子六十日內之乙丑日以六白時星起丙子時表

丙子	六	早子時
丁丑	五	
戊寅	四	
己卯	三	
庚辰	二	
辛巳	一	
壬午	九	
癸未	八	
甲申	七	
乙酉	六	
丙戌	五	
丁亥	四	
戊子	三	夜子時

最近夏至所出現的甲子六十日內之丙寅日以三碧時星起戊子時表

丙寅日

早子時	戊子	三
	己丑	二
	庚寅	一
	辛卯	九
	壬辰	八
	癸巳	七
	甲午	六
	乙未	五
	丙申	四
	丁酉	三
	戊戌	二
	己亥	一
夜子時	庚子	九

最近夏至所出現的甲子六十日內之丁卯日以九紫時星起庚子時表

丁卯日

早子時	庚子	九
	辛丑	八
	壬寅	七
	癸卯	六
	甲辰	五
	乙巳	四
	丙午	三
	丁未	二
	戊申	一
	己酉	九
	庚戌	八
	辛亥	七
夜子時	壬子	六

最近夏至所出現的甲子六十日內之戊辰日以六白時星起壬子時表

戊辰日

早子時 → 夜子時

六	五	四	三	二	一	九	八	七	六	五	四	三
壬子	癸丑	甲寅	乙卯	丙辰	丁巳	戊午	己未	庚申	辛酉	壬戌	癸亥	甲子

夏至與冬至排紫白時星之原理一樣，只是夏至陰遁逆行九星紫白時星而矣，當由最近冬至之甲子日排起時星後，在排完下元甲子之最後一日，即是癸亥日之癸亥時，是配以九紫紫白時星，當到最近夏至之甲子日甲子時，剛好亦是配以九紫紫白時星逆排上、中、下三元一百八十日，然後在排列夏至下元最後一日之癸亥日癸亥時，是配以一白紫白時星，後循環到最近冬至之甲子日甲子時，亦配以一白紫白時星，如是者循環不息。

但當每至十一年至十二年間，便出現多一個甲子六十日，而紫白時星便需要從上元甲子六十日內多排一次，不論該甲子六十日是發生在夏至或冬至間，可參閱**《紫白精義全書初階》「紫白日星在曆法分佈上之偏差」**一章。

最近夏至所出現的甲子六十日，排了五日之紫白時星後，剛好是一個甲子六十個時辰，排上十五日後，剛好排滿三個甲子，即一百八十個時辰，如是者循環四次，便排滿一個甲子六十日之紫白時星。茲列表如下：

上元	60個時辰	五日	十五日內 三個六十 甲子時辰 共180個時辰	**上元/中元/ 下元各 三元紫白 日星六十日 共有十二組 六十甲子時辰 (720個時辰)**
中元	60個時辰	五日		
下元	60個時辰	五日		
上元	60個時辰	五日	十五日內 三個六十 甲子時辰 共180個時辰	
中元	60個時辰	五日		
下元	60個時辰	五日		
上元	60個時辰	五日	十五日內 三個六十 甲子時辰 共180個時辰	
中元	60個時辰	五日		
下元	60個時辰	五日		
上元	60個時辰	五日	十五日內 三個六十 甲子時辰 共180個時辰	
中元	60個時辰	五日		
下元	60個時辰	五日		

夏至陰遁	上元60日				中元60日			
每五日共配六十個時辰	甲子——戊辰日	己卯——癸未日	甲午——戊戌日	己酉——癸丑日	甲子——戊辰日	己卯——癸未日	甲午——戊戌日	己酉——癸丑日
每五日共配六十個時辰	己巳——癸酉日	甲申——戊子日	己亥——癸卯日	甲寅——戊午日	己巳——癸酉日	甲申——戊子日	己亥——癸卯日	甲寅——戊午日
每五日共配六十個時辰	甲戌——戊寅日	己丑——癸巳日	甲辰——戊申日	己未——癸亥日	甲戌——戊寅日	己丑——癸巳日	甲辰——戊申日	己未——癸亥日

夏至陰遁	下元60日			
每五日共配六十個時辰	甲子——戊辰日	己卯——癸未日	甲午——戊戌日	己酉——癸丑日
每五日共配六十個時辰	己巳——癸酉日	甲申——戊子日	己亥——癸卯日	甲寅——戊午日
每五日共配六十個時辰	甲戌——戊寅日	己丑——癸巳日	甲辰——戊申日	己未——癸亥日

以下的紫白時星表，是由最近夏至日出現之甲子日甲子時起排，是陰遁，故紫白時星逆排九星，粗線框內的干支，表示每一日排列紫白時星的開始時辰，每一日十二個時辰，包括早子時及夜子時。

每五日排列出一個六十甲子時辰，圖A（5日）、圖B（5日）、圖C（5日）共有15日，重複排列圖A、B、C，循環四次，共60日，上中下三元，共180日。

圖A

夏至陰遁紫白時星分配表。

甲寅	四	甲辰	五	甲午	六	甲申	七	甲戌	八	甲子	九/九
乙卯	三	乙巳	四	乙未	五	乙酉	六	乙亥	七	乙丑	八
丙辰	二	丙午	三	丙申	四	丙戌	五	丙子	六/六	丙寅	七
丁巳	一	丁未	二	丁酉	三	丁亥	四	丁丑	五	丁卯	六
戊午	九	戊申	一	戊戌	二	戊子	三/三	戊寅	四	戊辰	五
己未	八	己酉	九	己亥	一	己丑	二	己卯	三	己巳	四
庚申	七	庚戌	八	庚子	九/九	庚寅	一	庚辰	二	庚午	三
辛酉	六	辛亥	七	辛丑	八	辛卯	九	辛巳	一	辛未	二
壬戌	五	壬子	六/六	壬寅	七	壬辰	八	壬午	九	壬申	一
癸亥	四	癸丑	五	癸卯	六	癸巳	七	癸未	八	癸酉	九

圖B

甲寅	七	甲辰	八	甲午	九	甲申	一	甲戌	二	甲子	三/三
乙卯	六	乙巳	七	乙未	八	乙酉	九	乙亥	一	乙丑	二
丙辰	五	丙午	六	丙申	七	丙戌	八	丙子	九/九	丙寅	一
丁巳	四	丁未	五	丁酉	六	丁亥	七	丁丑	八	丁卯	九
戊午	三	戊申	四	戊戌	五	戊子	六/六	戊寅	七	戊辰	八
己未	二	己酉	三	己亥	四	己丑	五	己卯	六	己巳	七
庚申	一	庚戌	二	庚子	三/三	庚寅	四	庚辰	五	庚午	六
辛酉	九	辛亥	一	辛丑	二	辛卯	三	辛巳	四	辛未	五
壬戌	八	壬子	九/九	壬寅	一	壬辰	二	壬午	三	壬申	四
癸亥	七	癸丑	八	癸卯	九	癸巳	一	癸未	二	癸酉	三

圖C

甲寅	一	甲辰	二	甲午	三	甲申	四	甲戌	五	甲子	六/六
乙卯	九	乙巳	一	乙未	二	乙酉	三	乙亥	四	乙丑	五
丙辰	八	丙午	九	丙申	一	丙戌	二	丙子	三/三	丙寅	四
丁巳	七	丁未	八	丁酉	九	丁亥	一	丁丑	二	丁卯	三
戊午	六	戊申	七	戊戌	八	戊子	九/九	戊寅	一	戊辰	二
己未	五	己酉	六	己亥	七	己丑	八	己卯	九	己巳	一
庚申	四	庚戌	五	庚子	六/六	庚寅	七	庚辰	八	庚午	九
辛酉	三	辛亥	四	辛丑	五	辛卯	六	辛巳	七	辛未	八
壬戌	二	壬子	三/三	壬寅	四	壬辰	五	壬午	六	壬申	七
癸亥	一	癸丑	二	癸卯	三	癸巳	四	癸未	五	癸酉	六

夏至後陰遁上中下三元各元六十日起早子時之紫白時星表（繼大師作表）

起早子時之紫白時星	夏至後陰遁上中下三元各元六十日之干支							
九	戊午	己酉	庚子	辛卯	壬午	癸酉	甲子	四仲日
六	己未	庚戌	辛丑	壬辰	癸未	甲戌	乙丑	四季日
三	庚申	辛亥	壬寅	癸巳	甲申	乙亥	丙寅	四孟日
九	辛酉	壬子	癸卯	甲午	乙酉	丙子	丁卯	四仲日
六	壬戌	癸丑	甲辰	乙未	丙戌	丁丑	戊辰	四季日
三	癸亥	甲寅	乙巳	丙申	丁亥	戊寅	己巳	四孟日
九		乙卯	丙午	丁酉	戊子	己卯	庚午	四仲日
六		丙辰	丁未	戊戌	己丑	庚辰	辛未	四季日
三		丁巳	戊申	己亥	庚寅	辛巳	壬申	四孟日

《本篇完》

（三）紫白時星飛泊到宮之尋法

繼大師

當找到了屬於何顆紫白時星到中宮之後，以：

最近冬至所出現的甲子日開始，以上、中、下三元一百八十日內，其紫白時星配入中宮後，以洛書數作順飛九宮各方位。

例如找出二〇〇四年（甲申年）陽曆四月十九日亥時在東南方之紫白時星，筆者繼大師現列出其個人方法及心得。

其程序如下：

（一）二〇〇四年陽曆四月十九日是戊辰日，以二〇〇三年十二月十七之甲子日為最近冬至之甲子日，是陽遁，順排至二〇〇四年陽曆四月十五日是甲子日，剛屬下元紫白日星，以丑、辰、未、戌四季日為中元紫白時星，以早子時起四綠紫白時星。

（二）戊辰日之子時干支是「壬子」時，排至亥時是癸亥時，以紫白時星四綠排於壬子時，順排至癸亥時是六白入中。

茲列表如下：

戊辰日之紫白時星表

壬子	四
癸丑	五
甲寅	六
乙卯	七
丙辰	八
丁巳	九
戊午	一
己未	二
庚申	三
辛酉	四
壬戌	五
癸亥	六

（三）當找到癸亥時，以六白入中宮後，然後依洛書數，順飛九宮。如下列圖表：

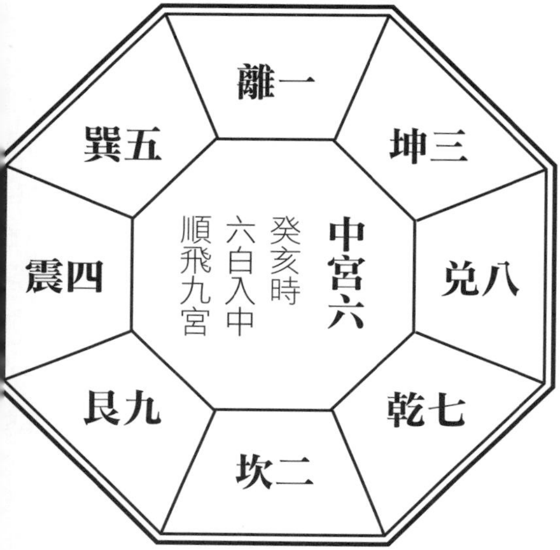

（繼大師作圖）

答案是：二〇〇四年陽曆四月十九日癸亥時是五黃紫白時星飛泊到東南巽方。

至於逆飛之法，是用於最近夏至之甲子日開始至其後之一百八十日內，舉例如下：

例如找出二〇四五年（乙丑年）陽曆十一月七日丑時（凌晨二時）在西南坤位之紫白時星，其方法及程序如下：

（一）查萬年曆在二〇四五年之冬至日是十二月廿一日，但最近冬至甲子日有兩個，第一個甲子日在十一月六日，出現在冬至前四十五天，第二個甲子日在二〇四六年一月五日，出現在冬至後十五天，是最近冬至之甲子日也。

二〇四五年十一月七日是乙丑日，屬於十一月六日之甲子六十日，由於此甲子日距離冬至日長過卅天，故此十一月七日之甲子六十日，是屬於由二〇四五年夏至日陰循所排起之下元甲子紫白日星，亦屬於逆飛之紫白時星。

第二個推算屬於冬至或夏至而定其順逆飛泊之法，是查二〇四五年之萬年曆，找出最近夏至之甲子日起推算，茲列如下：

夏至日——二〇四五年陽曆六月廿一日

最近夏至之甲子日——陽曆七月九日，出現在夏至後十八日，屬於陰遁，是逆飛。上、中、下各元的甲子六十日之陰遁紫白時星排法均相同。二〇四五年之三元紫白所屬日星如下：

上元——七月九日甲子日——至九月六日癸亥日，為上元甲子六十日。

中元——九月七日甲子日——至十一月五日癸亥日，為中元甲子六十日。

下元——十一月六日甲子日——至二〇四六年一月四日癸亥日，為下元甲子六十日。

（二）故此十一月七日是屬於陰遁下元六十日內紫白日星，而十一月七日是乙丑日，屬丑、辰、未、戌四季日，（可參閱夏至陰循下元六十日表，及夏至陰循紫白時星圖A表，本書內第29至32頁），甲子日起甲子時是起九紫時星，乙丑日起六白紫白時星，由早子時逆推十二支辰，乙丑日起丙子早子時，排至丑時為丁丑時。茲列表如下：

陰遁下元紫白日星內之**乙丑日**紫白時星飛泊表（與第廿三頁之乙丑日表相同）

早子時

六	丙子
五	丁丑
四	戊寅
三	己卯
二	庚辰
一	辛巳
九	壬午
八	癸未
七	甲申
六	乙酉
五	丙戌
四	丁亥
三	戊子

夜子時

（三）丁丑時是紫白五黃時星入中，依洛書數逆飛九宮，如下列圖表：

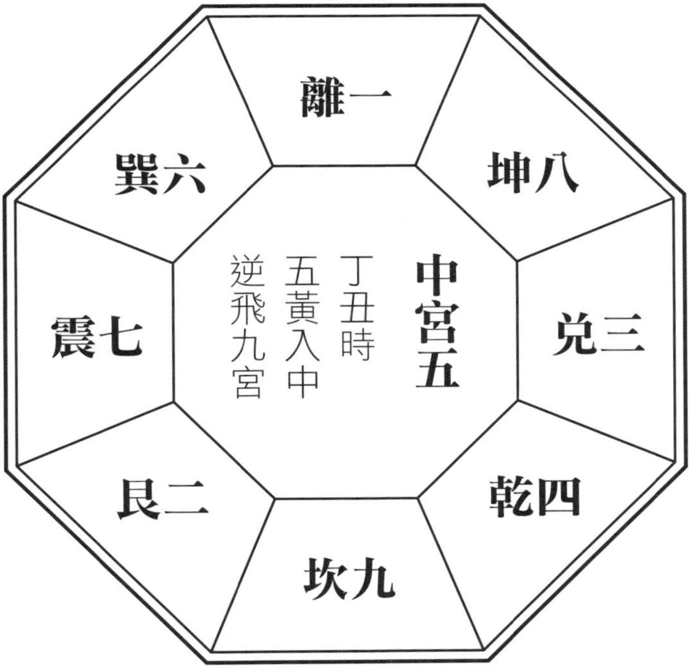

（繼大師作圖）

二〇四五年（乙丑年）陽曆十一月七日丑時，是五黃入中宮。

逆飛各宮位是：

五黃——中宮

四綠——乾宮——西北方——戌乾亥方

三碧——兑宮——正西方——庚酉辛方

二黑——艮宮——東北方——丑艮寅方

一白——離宮——正南方——丙午丁方

九紫——坎宮——正北方——壬子癸方

八白——坤宮——西南方——未坤申方

答案是：二〇四五年（乙丑年）陽曆十一月七日丑時，是八白紫白時星飛泊到西南方坤宮。

《本篇完》

（四）紫白年、月、日、時星之綜合飛星配法

繼大師

綜合以上各章，可以選出年、月、日、時之紫白吉星，再配合吉方修造，必多吉慶。

例如：二〇〇二年（壬午年）陽曆十月廿九日早上四時正（寅時）在東南方（巽方）廿四山辰巽巳方，找出其年、月、日、時之紫白飛泊到宮之所屬。

其程序如下：

（一）紫白年星——流年紫白九星以上元一白入中，即：

上元一白入中——公元一八六四年

中元四綠入中——公元一九二四年

下元七赤入中——公元一九八四年

由一九八四年逆排七赤紫白年星入中宮，即六白到一九八五、五黃到一九八六，四綠到一九八七，三碧到一九八八，二黑到一九八九，一白到一九九〇，九紫到一九九一，八白到一九九二，七赤到一九九三，六白到一九九四，五黃到一九九五，四綠到一九九六，三碧到一九九七，二黑到一九九八，一白到一九九九，九紫到二〇〇〇，八白到二〇〇一，七赤到二〇〇二。

紫白年星表（繼大師作表）

紫白年星	年份	年份
7	1984	1993
6	1985	1994
5	1986	1995
4	1987	1996
3	1988	1997
2	1989	1998
1	1990	1999
9	1991	2000
8	1992	2001
7		2002

二〇〇二年（壬午年）是七赤年星入中，順飛九宮，即七赤入中，八白到乾，九紫到兑，一白到艮，二黑到離，三碧到坎，四綠到坤，五黃到震，六白到巽方，二〇〇二年年星六白到巽方東南方也。

二〇〇二年壬午年七赤年紫白星入中飛泊圖：

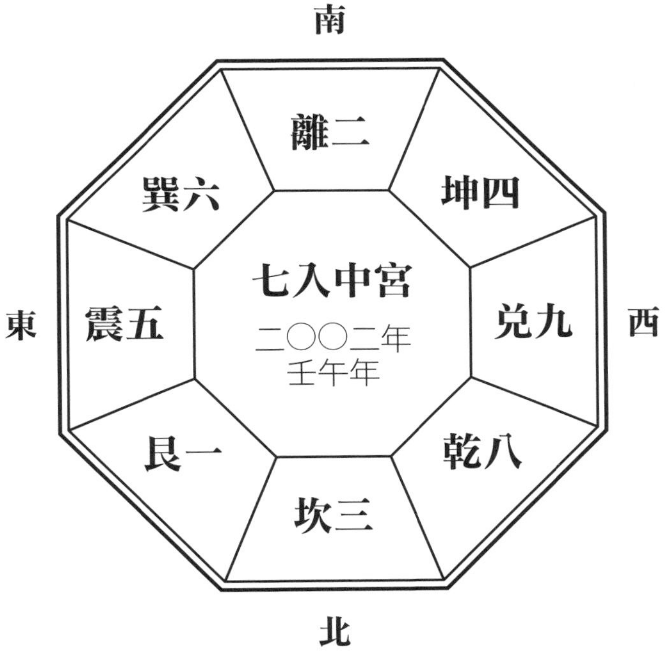

（繼大師作圖）

（二）紫白月星——二〇〇二年是壬午年，逢子、午、卯、酉年正月（寅月）是八白入中，逆排至農曆九月（戌月），是九紫入中宮，即：

壬寅月——正月**八白**入中宮
癸卯月——二月**七赤**入中宮
甲辰月——三月**六白**入中宮
乙巳月——四月**五黃**入中宮
丙午月——五月**四綠**入中宮
丁未月——六月**三碧**入中宮
戊申月——七月**二黑**入中宮
己酉月——八月**一白**入中宮
庚戌月——九月**九紫**入中宮

找到庚戌月是九紫月星入中後，再順飛各宮，即：

九紫——中宮
一白——乾宮——西北方
二黑——兑宮——西方
三碧——艮宮——東北方
四綠——離宮——南方
五黃——坎宮——北方
六白——坤宮——西南方
七赤——震宮——東方
八白——巽宮——東南方

農曆九月（庚戌月）之紫白月星是八白到巽方。

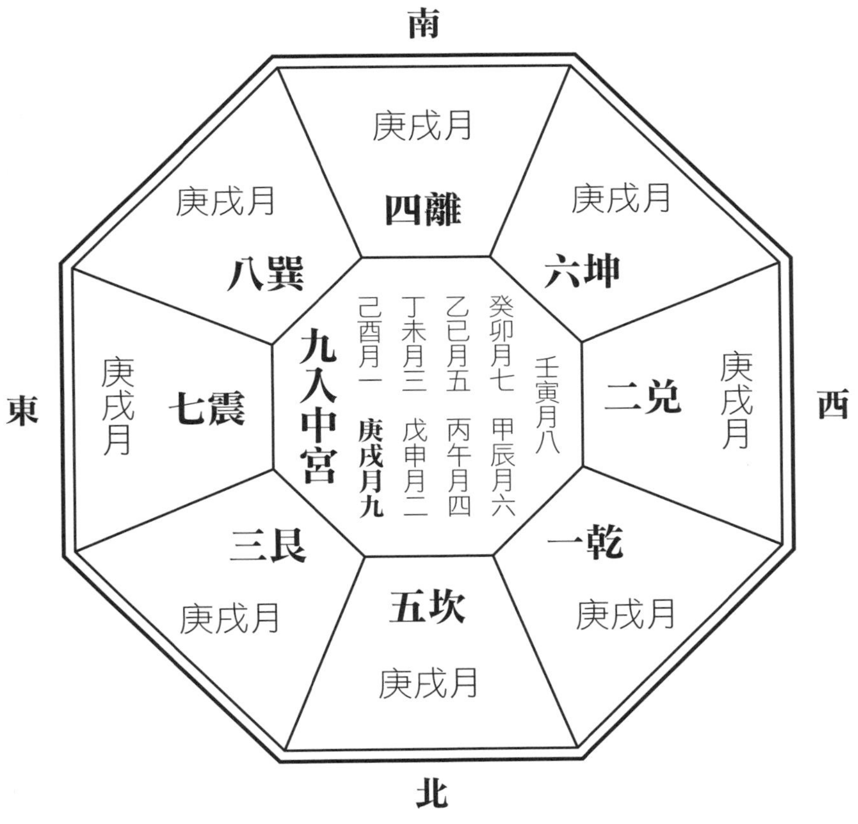

二〇〇二年壬午年紫白月星入中圖
庚戌月九紫入中，八白到巽宮

（繼大師作圖）

（三） 紫白日星——二〇〇二年陽曆十月廿三日是甲子日，屬陰遁下元甲子六十日之紫白日星，其理如下：

夏至日——二〇〇二年六月廿一日

最近夏至之甲子日——二〇〇二年六月廿五日，至八月廿三日起陰遁上元甲子六十日，以甲子日起九紫紫白日星。

陰遁中元甲子六十日——二〇〇二年八月廿四中之甲子日，至十月廿二之癸亥日，以甲子日起三碧紫白日星。

陰遁下元甲子六十日——二〇〇二年十月廿三之甲子日，至十二月廿一之癸亥日，以甲子日起六白紫白日星。

紫白日星是：

十月廿三日——甲子日起**六白**入中宮

十月廿四日——乙丑日起**五黃**入中宮

十月廿五日——丙寅日起**四綠**入中宮

十月廿六日——丁卯日起**三碧**入中宮

十月廿七日——戊辰日起二**黑**入中宮

十月廿八日——己巳日起一**白**入中宮

十月廿九日——庚午日起**九紫**入中宮

二〇〇二年陽曆十月廿九日庚午日，是九紫紫白日星入中宮，逆飛九宮，茲例表如下：

二〇〇二年十月廿九庚午日紫白日星逆飛表

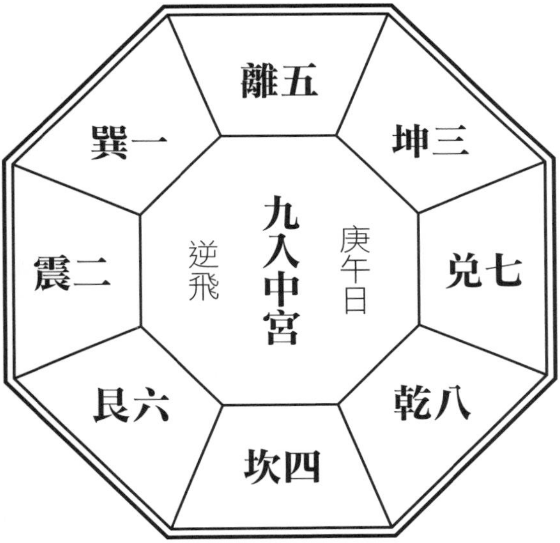

（繼大師作圖）

二〇〇二年陽曆十月廿九日是一白紫白日星飛泊到巽宮（東南方）。

（四）紫白時星——由於是屬於近夏至之上、中、下三元甲子日內之「庚午」日干支，是屬於陰遁，庚午日是四仲日，以九紫紫白時星到早子時，即丙子早子時，以九紫時星入中，以洛書之數，逆飛各宮位，茲列表如下：

陰遁下元庚午日紫白時星表

早子時

九	丙子
八	丁丑
七	戊寅
六	己卯
五	庚辰
四	辛巳
三	壬午
二	癸未
一	甲申
九	乙酉
八	丙戌
七	丁亥

庚午日早上四時戊寅時是七赤入中逆飛九宮，即：

七赤——中宮

六白——乾宮——西北方

五黃——兌宮——西方

四綠——艮宮——東北方

三碧——離宮——南方

二黑——坎宮——北方

一白——坤宮——西南方

九紫——震宮——東方

八白——巽宮——東南方

庚午日戊寅時七赤時星逆飛九宮表

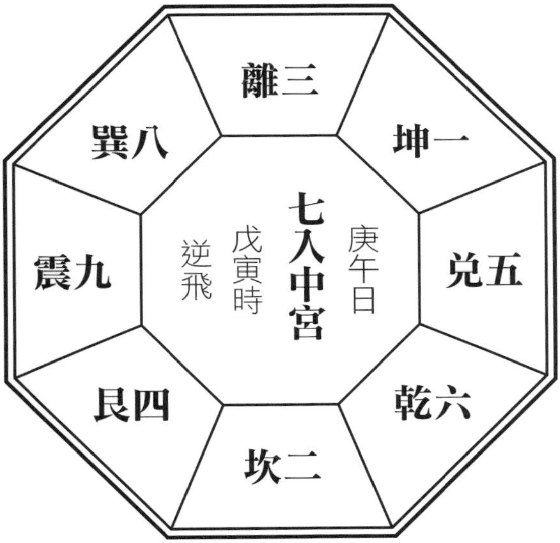

（繼大師作圖）

二〇〇二年陽曆十月廿九日寅時是八白紫白時星飛泊到巽宮（東南方）。

綜合各年、月、日、時之紫白飛星，於二〇〇二年（壬午年）陽曆十月廿九日早上四時正（寅時）在東南巽方是：

紫白年星——六白到巽方

紫白月星——八白到巽方

紫白日星——一白到巽方

紫白時星——八白到巽方

紫白一、六、八白吉星全到巽方，另外，在同一時間在乾宮西北方，亦是一、六、八吉星全到，即：

紫白年星——八白到乾方

紫白月星——一白到乾方

紫白日星——八白到乾方

紫白時星——六白到乾方

茲列出紫白之年、月、日、時在二〇〇二年十月廿九日寅時之紫白飛星表如下：

年、月、日、時順及逆之飛星表：

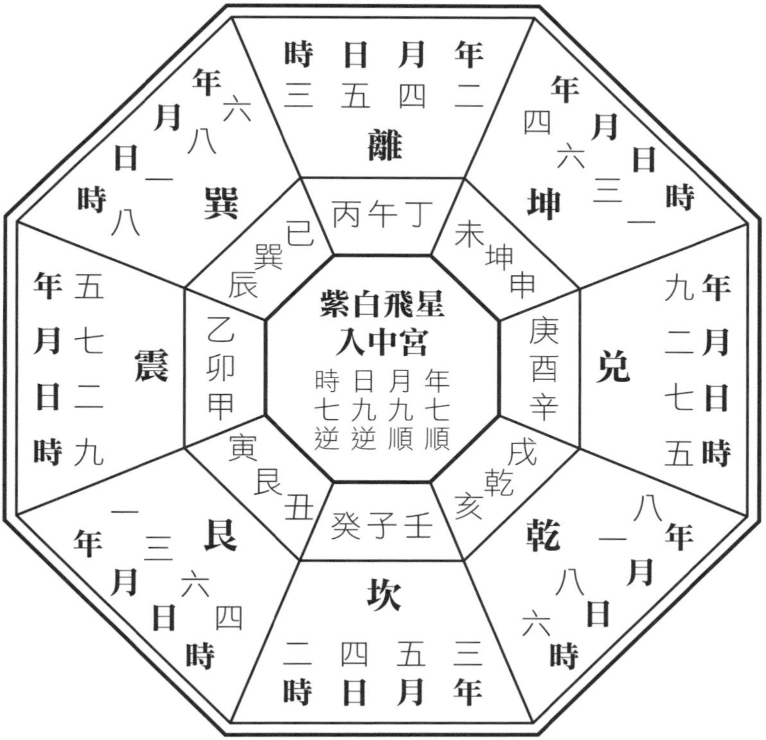

（繼大師作圖）

《本篇完》

（五）正五行擇日法配以紫白飛星的使用法

繼大師

自元末無着大士著有**《紫白原本錄要》**後，諸家多以紫白飛星在風水上作斷事而論，而自古堪輿地師多以紫白年星及紫白月星飛臨到宮之方位作風水吉凶推算。

例如：

五黃到方忌修山、修方，犯之有凶險災殃，若二黑、五黃齊飛泊到陽宅大門、灶頭、牀頭等，主應凶險、意外、疾病等事，在陰宅方面，如二黑、五黃同到墳穴坐山，亦要小心，犯之則易損人丁。

至於紫白日星、紫白時星，古來地師一向少用，只著重年、月紫白之星而用作修方、修山，亦有人專用紫白之年、月、日、時星而擇吉用事。根據筆者繼大師之個人用法，是以正五行擇日法為主，而紫白配上日課，只用年、月紫白飛星，不可犯年、月之五黃，二黑則次之，其原因是：

（一）紫白年、月二黑五黃之星尅應較重，五是洛書中宮之數，有主掌元運等時空之權，其原理與太歲管全年之吉凶差不多。

（二）紫白飛星是流行氣運，氣較輕清，力較重，主斷應發生之事，不犯凶星則平和也，但紫白不同正五行擇日之天干地支，正五行擇日以正五行為主。

在**《選擇求真》**卷九——〈太歲〉一章有云：

「太歲乃十二支年建方也。子年在子。丑年在丑。十二年同統領廿四山。為眾煞之主。號星中天子。故曰歲君。其力最大。」

而正五行擇日法以干支之五行為主，用祿馬貴人、三奇及紫白吉星配之，無不大吉。

所以筆者繼大師使用正五行擇日為主，不犯二黑、五黃紫白年、月凶星，而紫白之一白、六白、八白吉星配合正五行擇日法使用之，無不大吉。

使用紫白吉星可用於修方、修山、安碑及葬金等，陰陽宅同理，若使用上一章之日課，作安碑立向，可配合正五行擇日使用之，例如：

祭主辛未年命人，坐山為戌山辰向，擇於上一章之吉課，即二〇〇二年（壬午年）陽曆十月廿九日寅時，四柱日課是：

壬午　年
庚戌　月
庚午　日
戊寅　時

其好處是：

（一）紫白八白年星、一白月星、八白日星及六白時星，所有吉星齊到乾宮（戌乾亥方）。

（二）日課天干兩庚及戊之貴人齊到祭主未命，辛命之貴人在日課兩午支及寅時支上。

（三）日課寅、午、戌三合火局，大大生旺戌山，戌亦是火庫，與日課亦是合三合火局，一片火土之氣，同合旺局。

若配癸未年命祭主亦可，因為癸命干之祿在子支而沖日課午支，是沖祿格，日課兩陽庚生癸水命，是兩印生命，這樣之配搭，是上上大吉之格，不過用寅時用事甚為不便，只是舉一個例子而矣，餘此類推。

寫一偈曰：

五行擇日安碑墳
紫白飛泊吉星臨
眾煞之主太歲君
相合妙配福祿尋

《本篇完》

（六）紫白與八宅之關係

繼大師

八宅是後天大八卦之八個方位，屋所坐之方，便屬於該方位之宅運，首先，以後天大八卦之乾、坎、艮、震、巽、離、坤、兑作宅之名稱，即是：

乾宅 —— 屋坐廿四山之戌、乾、亥方範圍
坎宅 —— 屋坐廿四山之壬、子、癸方範圍
艮宅 —— 屋坐廿四山之丑、艮、寅方範圍
震宅 —— 屋坐廿四山之甲、卯、乙方範圍
巽宅 —— 屋坐廿四山之辰、巽、巳方範圍
離宅 —— 屋坐廿四山之丙、午、丁方範圍
坤宅 —— 屋坐廿四山之未、坤、申方範圍
兑宅 —— 屋坐廿四山之庚、酉、辛方範圍

八宅其實是屋之坐山，以方向分八大卦宮宅命，為固定之局，以八大宅運配以流年、流月、流日、流時及配以紫白飛星而斷事，兩者之關係是：

八宅 —— 房屋固定方位之坐山 —— 主宅運，是後天大八卦宮位。

紫白 —— 時空流動之吉凶數據 —— 主應事，是洛書之數。

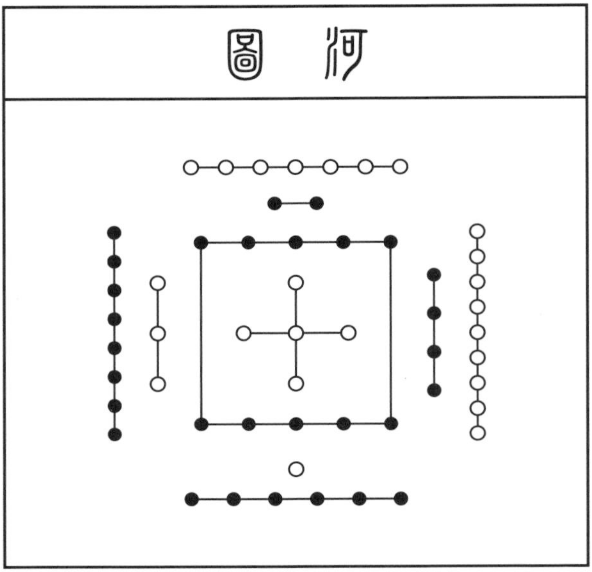

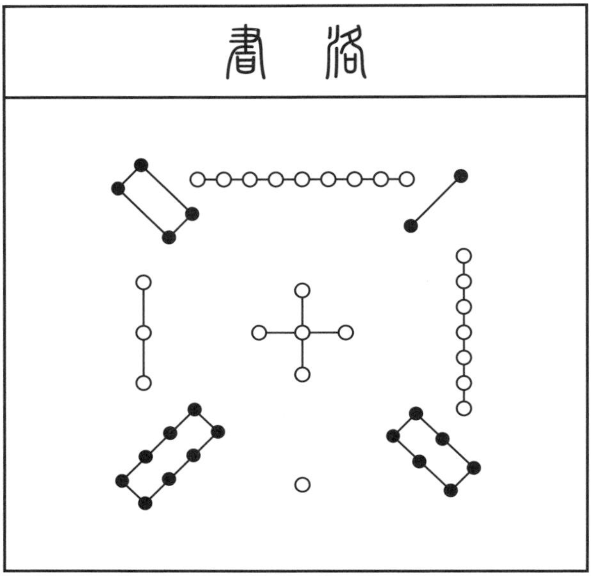

兩者皆出於河圖洛書，用先天河圖生成之數為理據，配以後天八卦，並以洛書數週流各宮，是為紫白九星之數。

後天八卦圖

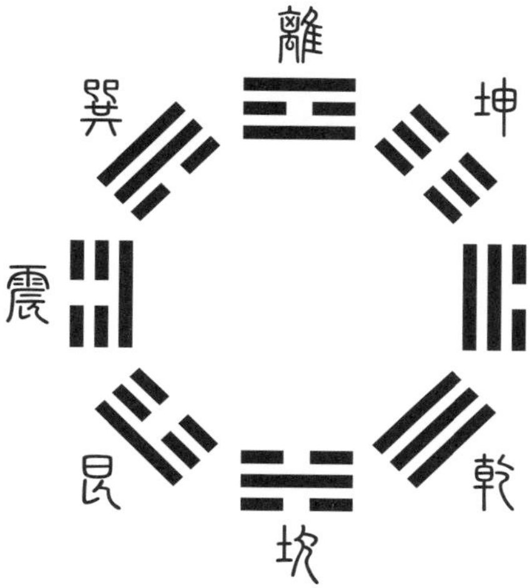

後天卦配洛書之數圖

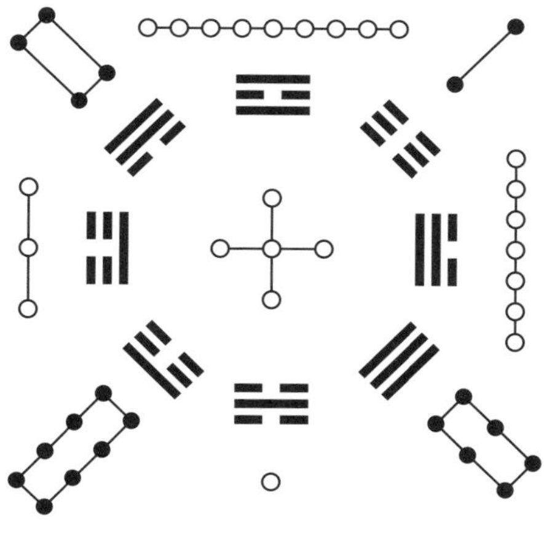

《本篇完》

（七）八宅原理詳解

繼大師

八宅風水理氣，其原理將一個圓周三百六十度平均分為八份，每份四十五度範圍，配以八大卦名，即乾、坎、艮、震、巽、離、坤、兌，為後天八大卦，然後分成陰陽兩組，名曰：

（一）東四宅 ——— 震、巽、坎、離。

（二）西四宅 ——— 乾、兌、艮、坤。

又分男女二方在各年份中配上八大卦名，名為「年命卦」，取得年命卦後，在居住陽宅中配上八方之陽居坐向，即以：

東四命人配東四宅命

西四命人配西四宅命

宅之坐向以坐山方為宅名，即如：

宅坐西北 ——— 乾宅

宅坐北方 ——— 坎宅

宅坐東北 ——— 艮宅

宅坐東方 —— 震宅

宅坐東南 —— 巽宅

宅坐南方 —— 離宅

宅坐西南 —— 坤宅

宅坐西方 —— 兑宅

陽居如坐西北之乾宅，必向東南巽方，其宅命以後天八大卦乾宮為主，其關係如下：

乾卦宅命，以乾卦為伏位吉方 —— 貪狼 ☰

乾卦變上爻是 —— 生氣吉方 —— 武曲 ☱

再變中爻是 —— 五鬼凶方 —— 巨門 ☳

再往下變初爻是 —— 延年吉方 —— 右弼 ☷

復往中爻變是 —— 六煞凶方 —— 祿存 ☵

再往上變三爻是 —— 禍害凶方 —— 左輔 ☴

然後變中爻是 —— 天醫吉方 —— 文曲 ☶

再變初爻是 —— 絕命凶方 —— 破軍 ☲

再變中爻是還原本宅命卦 —— 貪狼 ☰

八宅有四大卦方是吉，四大卦方是凶，其八大卦之宅運吉凶如下：

東四宅運一（繼大師作圖）

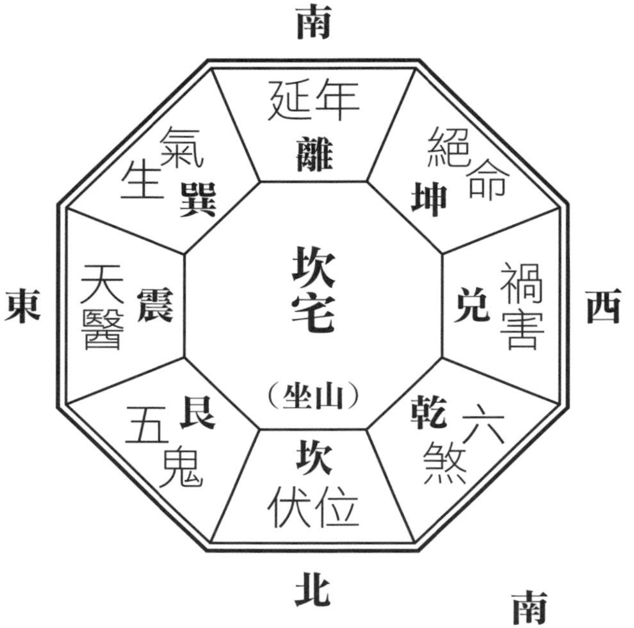

東四宅運二（繼大師作圖）

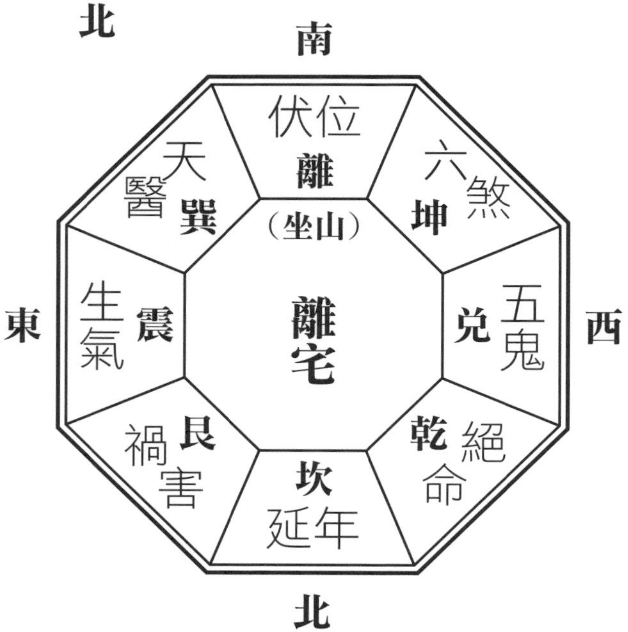

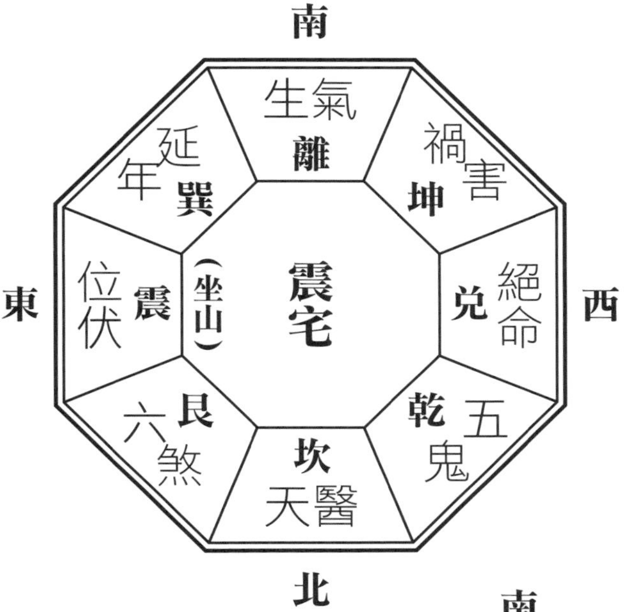

東四宅運 三 （繼大師作圖）

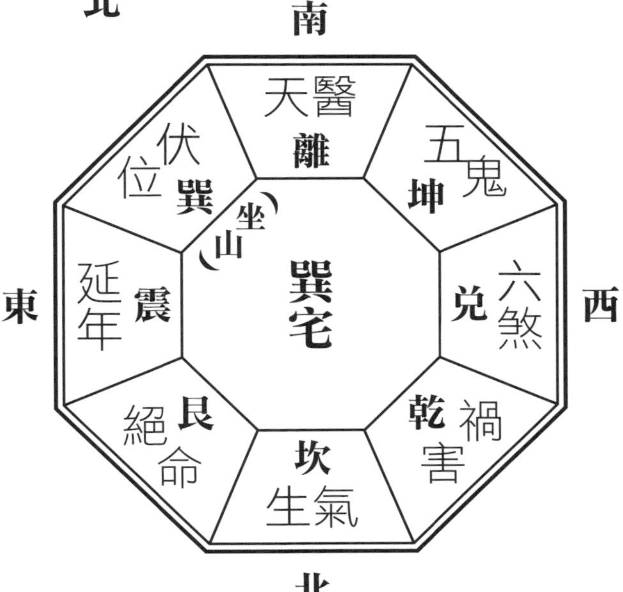

東四宅運 四 （繼大師作圖）

西四宅運一（繼大師作圖）

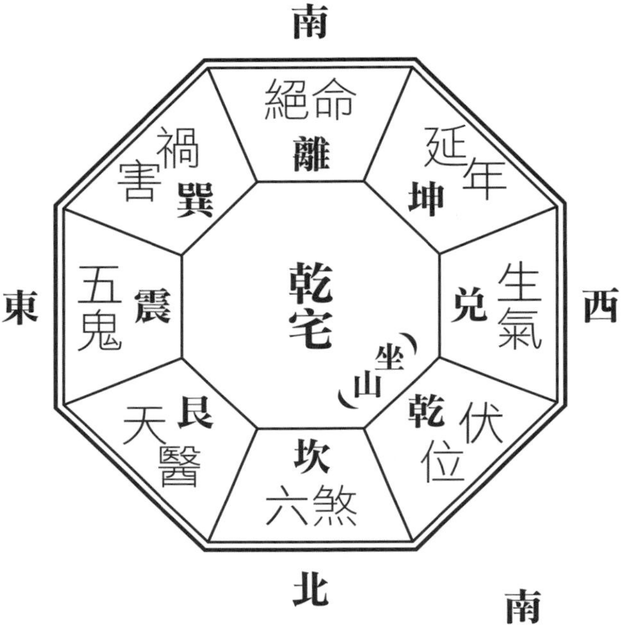

西四宅運二（繼大師作圖）

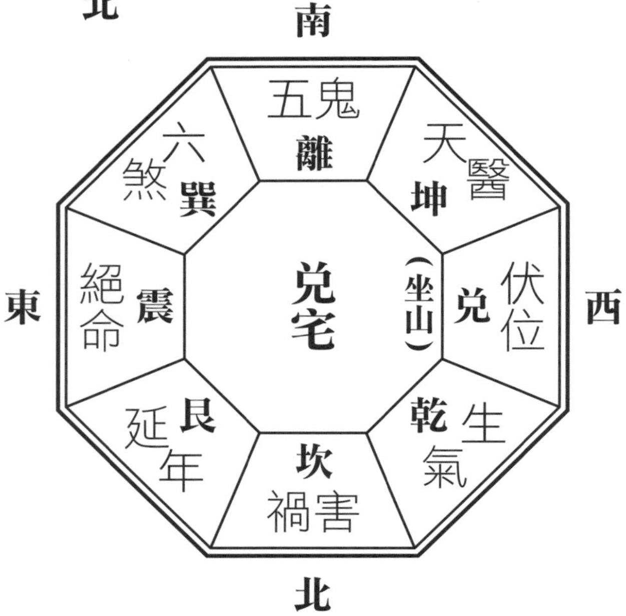

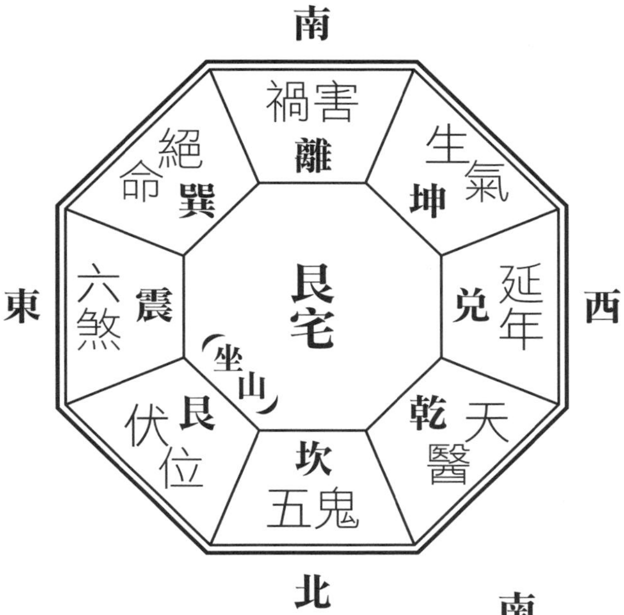

西四宅運 三（繼大師作圖）

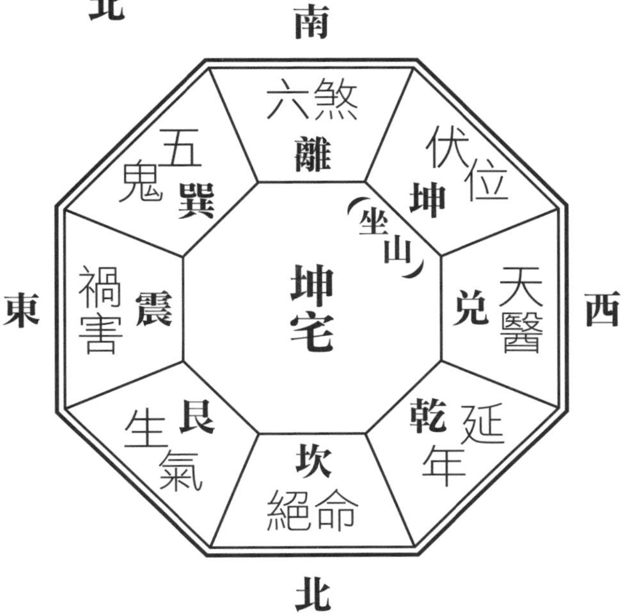

西四宅運 四（繼大師作圖）

不論東西四宅，必有四吉方及四凶方。

四凶方之原理是：

絕命——破軍——本卦變中爻

五鬼——巨門——本卦變上爻及中爻

禍害——左輔——本卦變初爻

六煞——祿存——本卦變上爻及初爻

四吉方之原理是：

伏位——貪狼——本卦不變

生氣——武曲——本卦變上爻

天醫——文曲——本卦變初及二爻

延年——右弼——本卦三爻全變

八宅所認定之吉凶原理，其實是宅命卦之變化，以宅命之變爻而定吉凶，與宅命卦合則吉，與宅命卦數不合則凶。茲列表如下：

四吉卦				四凶卦				本卦
三爻全變 延年	變初二爻 天醫	變上爻 生氣	三爻不變 伏位	變初上爻 六煞	變初爻 禍害	變中上爻 五鬼	變二爻 絕命	
☷	☶	☱	☰	☵	☴	☳	☲	☰
☶	☷	☰	☱	☴	☵	☲	☳	☱
☵	☴	☳	☲	☷	☶	☱	☰	☲
☴	☵	☲	☳	☶	☷	☰	☱	☳
☳	☲	☵	☴	☱	☰	☷	☶	☴
☲	☳	☴	☵	☰	☱	☶	☷	☵
☱	☰	☷	☶	☳	☲	☵	☴	☶
☰	☱	☶	☷	☲	☳	☴	☵	☷

從上列卦表中，以本卦宅運為主，筆者繼大師隨恩師　呂克明先生學習卦理時，恩師說八宅派之風水理氣，只是易盤卦理之表層，雖是初階外層，但與元空六十四大卦之原理是相通的。當一般人教授八宅風水理論時，多以每一宅運教授一次，用八大宅運以固定格局便可授課八次，而八宅風水理論以《八宅明鏡》一書為準，理論多而實用少，恩師曾說過，例如：

丈夫是東四命 ——— 震命卦

妻子是西四命 ——— 兑命卦

那麼夫婦在睡覺時，為了要配合宅命（東四宅或西四宅），豈不是丈夫之牀頭便是妻子之牀尾，妻子之頭與丈夫之腳同睡嗎！

由此証明八宅風水理論，只是大方向，它有一定基層之準確性，至於較細微之理氣便是三合家之廿四山，分天、地、人三盤，共有七十二格，以一個圓周計算，是360份之72，剛好是五分一，三合家亦有120分金格龍之理論。

至於六十四卦更為精細，每卦6爻即384爻，每爻有0.9375度，低於一度，但是大八宅與六劃卦之理論是相通的，卦理出自於河圖洛書，而解釋八宅之原理，不需要每一個八宅運逐一講解，此道理若無人說破，教人想三年也未必明白，若說破，當下即悟，茲將呂師之解釋演繹如下：

（一）延年吉方——宅運卦與另一宮之卦成合十之數。即是洛書之《易翼》有云：

天地定位——乾卦對坤卦——九一合十

山澤通氣——艮卦對兑卦——六四合十

雷風相薄——震卦對巽卦——八二合十

水火不相對——坎卦對離卦——七三合十

八卦相錯——易卦合十是陰陽交媾

（二）生氣吉方——宅運卦與另一宮之卦成生成之數。即是《河圖》之《圖說》：

一六共宗——即天一生水，地六成之。

二七同道——即地二生火，天七成之。

三八為朋——即天三生水，地八成之。
四九為友——即地四生金，天九成之。
（三）天醫吉方——宅運卦與另一宮之卦成合五及合十五之數。即是《河圖圖說》所說：
五十同途——即天五生土，地十成之。
（四）伏位吉方——宅運卦本身之宮位，因屬同宮，是同卦，即不出卦，此現象不同於犯伏吟卦，伏吟是另有作法。

至於其他各宮卦數不合本卦宅運則凶，其各卦推算之數是：
（一）以後天卦宮為體——後天卦所在之宮位。
（二）以先天卦數為用——先天卦數推算吉凶。
其數是先天卦數相合為吉，不合為凶，即：
乾九、兑四、離三、震八、巽二、坎七、艮六、坤一是也。茲列出先天卦數圖表如下：

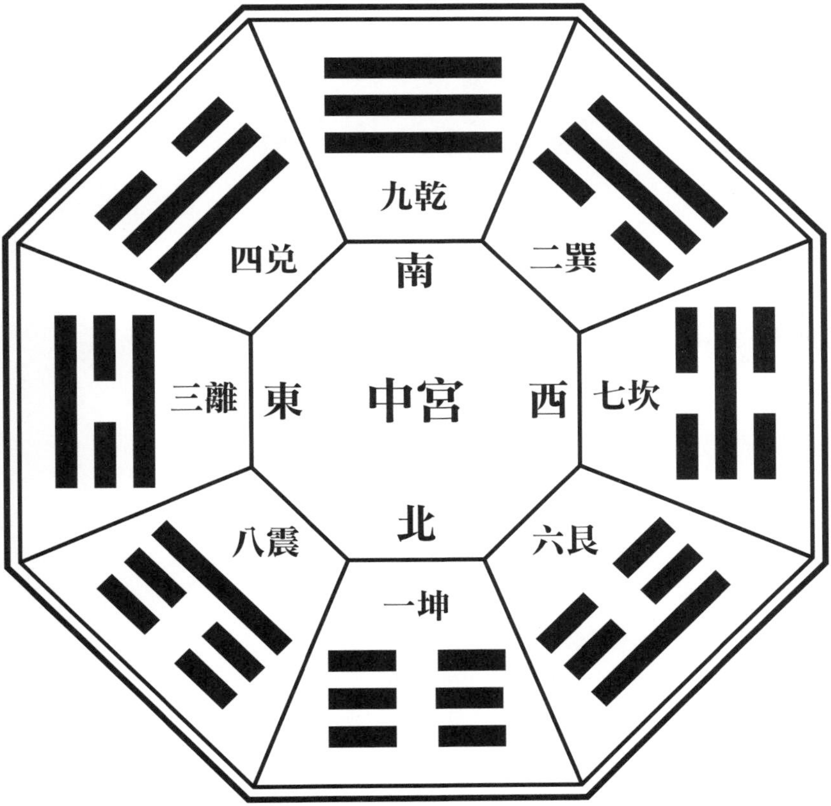

先天卦數圖

（由內向外看）

繼大師作圖

用先天卦數配後天方位，東西宅，即是七、八、二、三等先天數，西四宅是一、四、六、九先天數，**數合則吉，數不合則凶**，茲列圖如下：

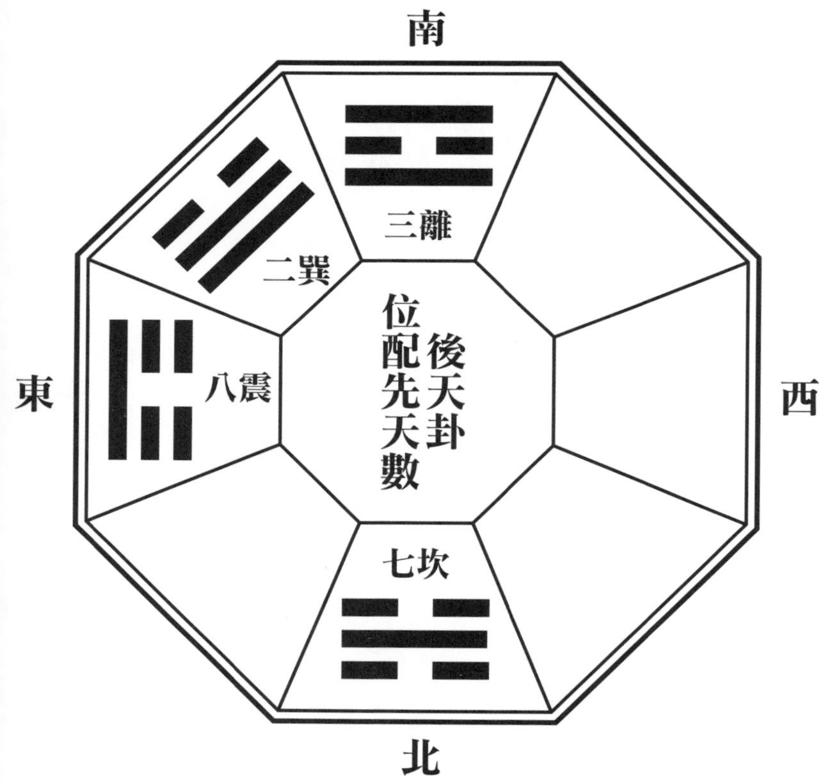

東四命吉方
後天卦位配先天數

（由外向內看）

繼大師作圖

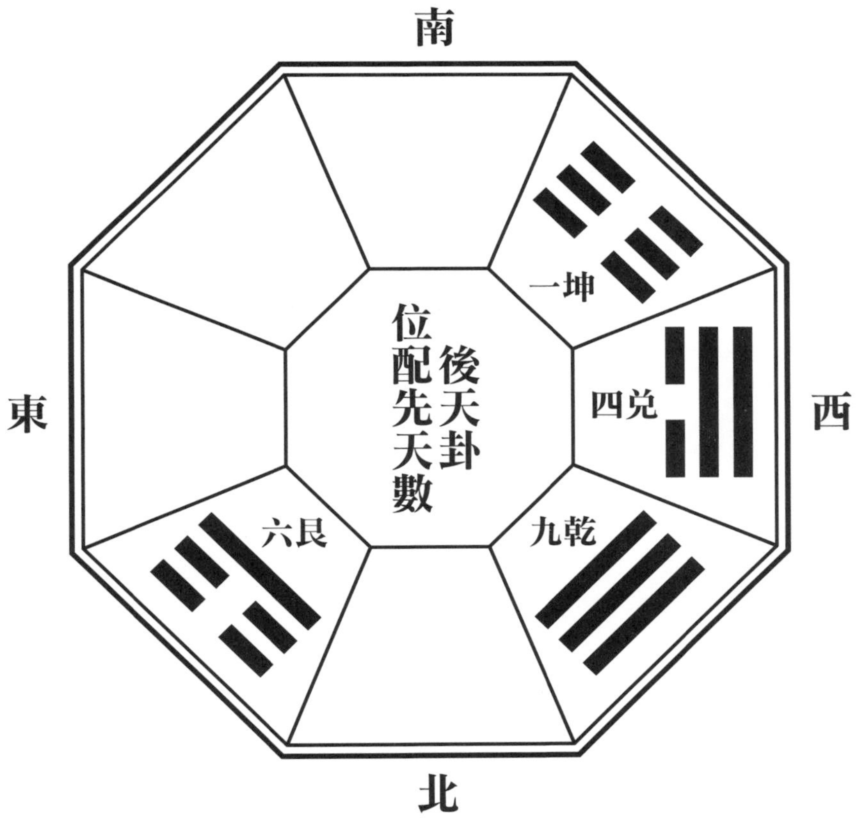

西四命吉方
後天卦位配先天數

（由外向內看）

繼大師作圖

在《八宅明鏡》中載有東西四宅的口訣。

茲錄如下：

西四宅口訣：

乾坤艮兌四宅同

東西卦爻不可逢

誤將他象混一屋

人口傷亡禍必重

東四宅口訣：

震巽坎離是一家

西四宅爻莫犯他

若還一氣修成象

子孫興旺定榮華

以筆者繼大師之愚見，八宅是大方位之吉凶，但並不是所有凶方都是凶，亦不是所有吉方都是吉。

楊公在《青囊奧語》中有云：

「顛顛倒。二十四山有珠寶。
順逆行。二十四山有火坑。」

而蔣大鴻先師之註解是：

「顛倒順逆。皆言陰陽交媾之妙。二十四山陰陽不一。吉凶無定。合生旺則吉。逢衰敗則凶。山山皆有珠寶。山山皆有火坑。毫釐千里。間不容髮。非真得青囊之秘。何以能辨之乎。」

筆者繼大師的紫白及風水秘法心要是：

在方位而言，數合則吉，數不合則凶。

在立向而言：

巒頭合卦數則吉，巒頭不合卦數則凶。

至於人命與宅命之數，若以八宅大卦相配，則未免粗劣，不是細微之組合，若以廿四山相配，亦尚可以，因廿四山有五行之數，如配以人命生年，亦可斷應吉凶所發生之年份，但是若以巒頭之吉凶，配以都天六十四卦之數，則吉凶必應，這是細微之數，可使準確性更為大。

假若以六十四卦之六爻全數，則是三百八十四爻之數，配以人命生辰之八字四柱之數所化出之主命六十四卦，用本命卦及元辰卦（六十四卦）相配，再看宅外及宅內之巒頭而判斷吉凶，則可謂細微致極，甚為精確。

這數之尅或合，是從大方位到中方位，從中方位到小方位，再從小方位到細微方位，乃至極細之方位，是一層一層深入而下的，數之相配如是，巒頭之相配亦如是，這些見解是筆者繼大師之個人見地，可給讀者們作參考。大八宅宮位法，雖然簡單，看來平凡無奇，但其實內裏有一層不可告人的天機大秘密，知者能大大掌握吉凶，非比尋常。

在先天及後天大八卦中，有從內看到外之大卦，亦有從外面看到內面之卦，兩種看法皆有，先天大八卦多以由內向外看，後天大八卦多以由外向內看，玆列圖如下，以供參考：

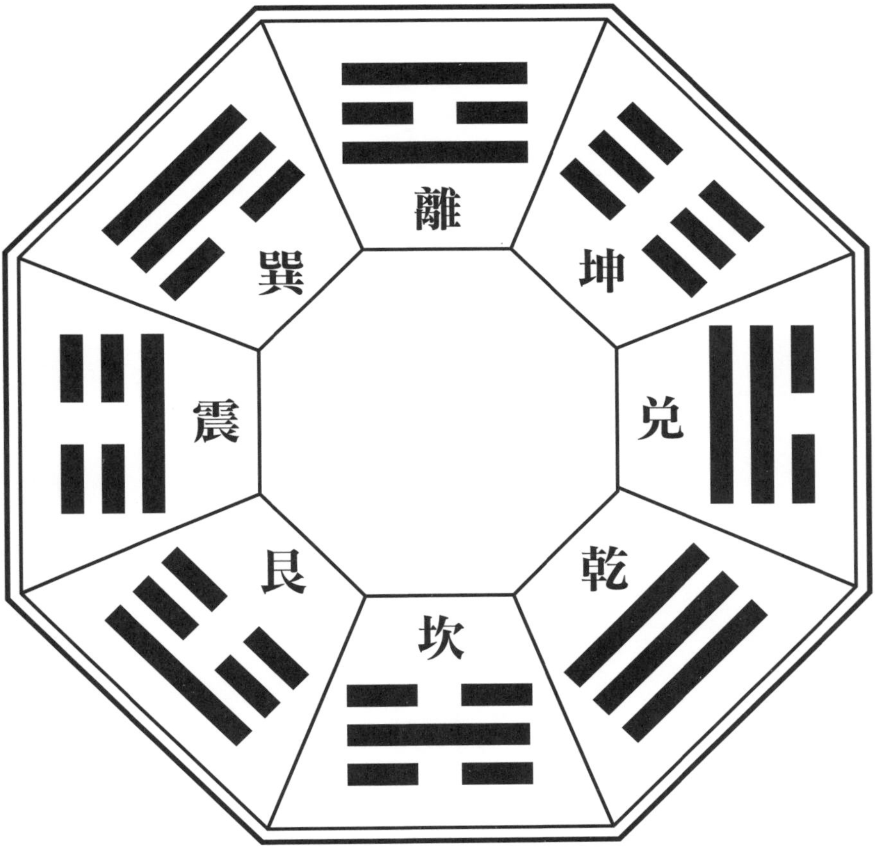

由內向外看之
後天大八卦圖

（繼大師作圖）

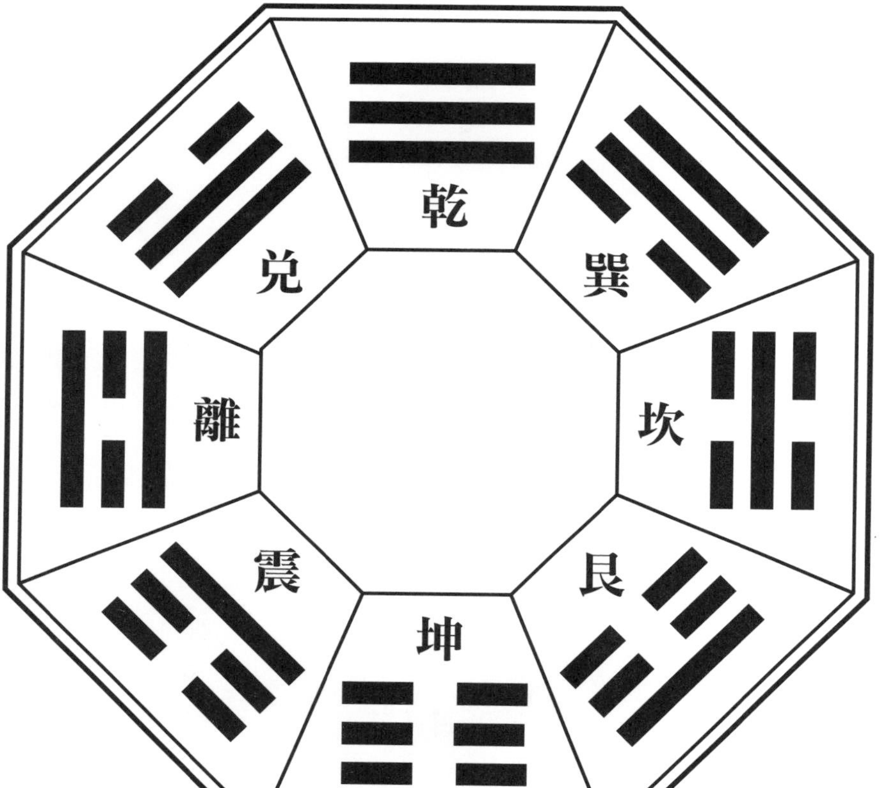

由內向外看之
先天大八卦圖

（繼大師作圖）

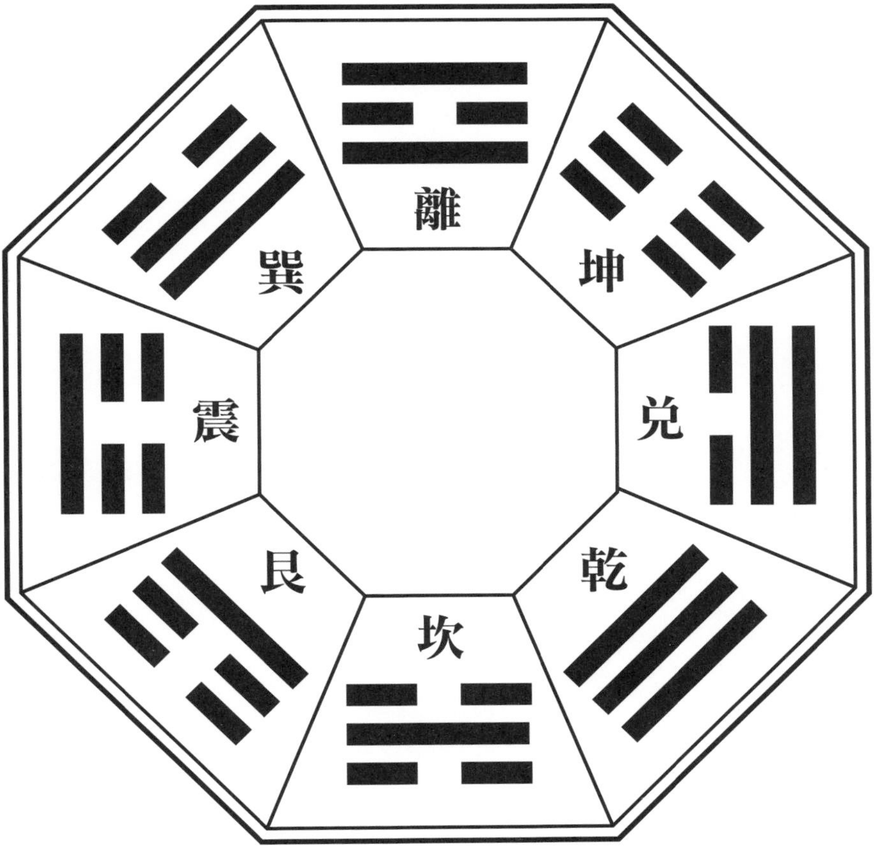

由外向內看之
後天大八卦圖

（繼大師作圖）

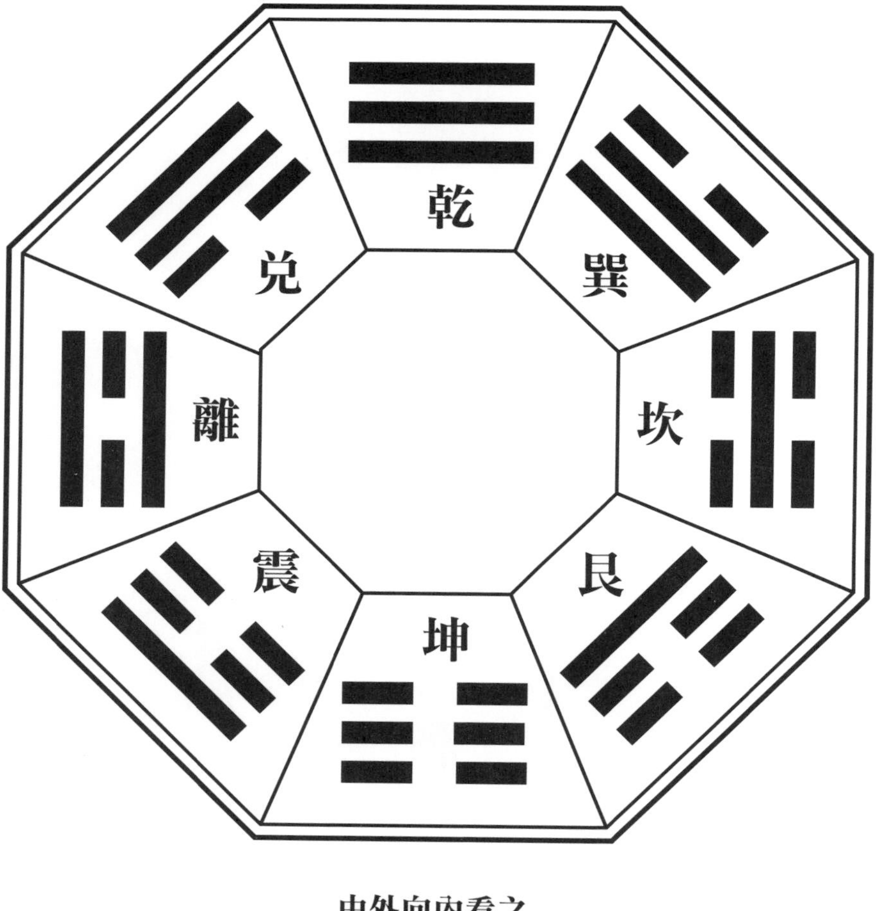

由外向內看之
先天大八卦圖

（繼大師作圖）

《本篇完》

（八）男女東西四命之年命卦求法

繼大師

紫白九星以上、中、下元逆排三個六十甲子，共180年而成紫白年星，如是者循環不息。

紫白年星所臨之年，就是男性東西四命之年卦，而逢紫白年星五入中，則以二坤寄五而代之，而女性之東西四命年卦則是依附著男命卦。

若然男命卦在坤二，女命則在巽四；男命卦在震三，女命亦在震三，男命卦在巽四，女命在坤二。若男命卦在一至五數內，則女性與男性之命卦總數相加是六。

總言之：

男命卦在一至五數，女命要與男命合六數，即男坤二命，女則以六減之，六減二等於四，女命則是巽四命卦。

若逢男命坎一，則女命是六減一是五數，女命遇五則艮八寄之，即男命是坎一，女命是艮八命卦也。

若男命在五，則以坤二寄之，女命在該年之計法是以六減五等於坎一命卦，即是男命出年之年在五而寄於坤二，女命是坎一。

若男命卦數是六至九數，則女命卦數必與其合十五。

即是：

男命卦數乾六——女命卦數是十五減六等於離九。

男命卦數兑七——女命卦數是十五減七等於艮八。

男命卦數艮八——女命卦數是十五減八等於兑七。

男命卦數離九——女命卦數是十五減九等於乾六。

所有命卦是以後天卦配以先天數。

茲例表如下：

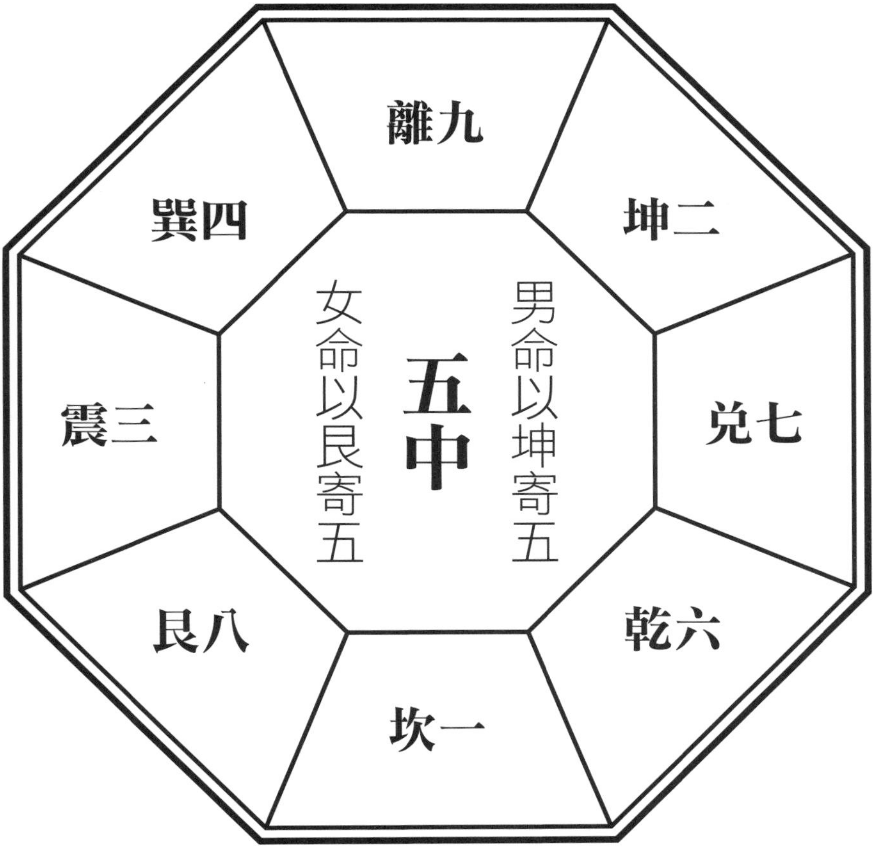

先天數配後天卦表

（繼大師作圖）

男女命卦表（繼大師作圖）

若逢男命在五，則以坤二寄之，女命則以六減五等於坎一命卦。
若逢女命在五，則以艮八寄之，男命則以六減五等於坎一命卦。

西四命是：
坤二 乾六 兌七 艮八

東四命是：
離九 坎一 震三 巽四

男命卦		女命卦		
一	坎	五	艮 二	男女命卦相加後等於六
二	坤	四	巽	
三	震	三	震	
四	巽	二	坤	
五	坤 二	一	坎	
六	乾	九	離	相加後等於十五
七	兌	八	艮	
八	艮	七	兌	
九	離	六	乾	

男	女	年份		紫白	男	女	年份		紫白
離	乾	1901	辛丑	九	兑	艮	1921	辛酉	七
艮	兑	1902	壬寅	八	乾	離	1922	壬戌	六
兑	艮	1903	癸卯	七	坤	坎	1923	癸亥	五
乾	離	1904	甲辰	六	巽	坤	1924	甲子	四
坤	坎	1905	乙巳	五	震	震	1925	乙丑	三
巽	坤	1906	丙午	四	坤	巽	1926	丙寅	二
震	震	1907	丁未	三	坎	艮	1927	丁卯	一
坤	巽	1908	戊申	二	離	乾	1928	戊辰	九
坎	艮	1909	己酉	一	艮	兑	1929	己巳	八
離	乾	1910	庚戌	九	兑	艮	1930	庚午	七
艮	兑	1911	辛亥	八	乾	離	1931	辛未	六
兑	艮	1912	壬子	七	坤	坎	1932	壬申	五
乾	離	1913	癸丑	六	巽	坤	1933	癸酉	四
坤	坎	1914	甲寅	五	震	震	1934	甲戌	三
巽	坤	1915	乙卯	四	坤	巽	1935	乙亥	二
震	震	1916	丙辰	三	坎	艮	1936	丙子	一
坤	巽	1917	丁巳	二	離	乾	1937	丁丑	九
坎	艮	1918	戊午	一	艮	兑	1938	戊寅	八
離	乾	1919	己未	九	兑	艮	1939	己卯	七
艮	兑	1920	庚申	八	乾	離	1940	庚辰	六

男	女	年份		紫白
坤	坎	1941	辛巳	五
巽	坤	1942	壬午	四
震	震	1943	癸未	三
坤	巽	1944	甲申	二
坎	艮	1945	乙酉	一
離	乾	1946	丙戌	九
艮	兑	1947	丁亥	八
兑	艮	1948	戊子	七
乾	離	1949	己丑	六
坤	坎	1950	庚寅	五
巽	坤	1951	辛卯	四
震	震	1952	壬辰	三
坤	巽	1953	癸巳	二
坎	艮	1954	甲午	一
離	乾	1955	乙未	九
艮	兑	1956	丙申	八
兑	艮	1957	丁酉	七
乾	離	1958	戊戌	六
坤	坎	1959	己亥	五
巽	坤	1960	庚子	四

男	女	年份		紫白
震	震	1961	辛丑	三
坤	巽	1962	壬寅	二
坎	艮	1963	癸卯	一
離	乾	1964	甲辰	九
艮	兑	1965	乙巳	八
兑	艮	1966	丙午	七
乾	離	1967	丁未	六
坤	坎	1968	戊申	五
巽	坤	1969	己酉	四
震	震	1970	庚戌	三
坤	巽	1971	辛亥	二
坎	艮	1972	壬子	一
離	乾	1973	癸丑	九
艮	兑	1974	甲寅	八
兑	艮	1975	乙卯	七
乾	離	1976	丙辰	六
坤	坎	1977	丁巳	五
巽	坤	1978	戊午	四
震	震	1979	己未	三
坤	巽	1980	庚申	二

男	女	年份		紫白
坎	艮	1981	辛酉	一
離	乾	1982	壬戌	九
艮	兑	1983	癸亥	八
兑	艮	1984	甲子	七
乾	離	1985	乙丑	六
坤	坎	1986	丙寅	五
巽	坤	1987	丁卯	四
震	震	1988	戊辰	三
坤	巽	1989	己巳	二
坎	艮	1990	庚午	一
離	乾	1991	辛未	九
艮	兑	1992	壬申	八
兑	艮	1993	癸酉	七
乾	離	1994	甲戌	六
坤	坎	1995	乙亥	五
巽	坤	1996	丙子	四
震	震	1997	丁丑	三
坤	巽	1998	戊寅	二
坎	艮	1999	己卯	一
離	乾	2000	庚辰	九

男	女	年份		紫白
艮	兑	2001	辛巳	八
兑	艮	2002	壬午	七
乾	離	2003	癸未	六
坤	坎	2004	甲申	五
巽	坤	2005	乙酉	四
震	震	2006	丙戌	三
坤	巽	2007	丁亥	二
坎	艮	2008	戊子	一
離	乾	2009	己丑	九
艮	兑	2010	庚寅	八
兑	艮	2011	辛卯	七
乾	離	2012	壬辰	六
坤	坎	2013	癸巳	五
巽	坤	2014	甲午	四
震	震	2015	乙未	三
坤	巽	2016	丙申	二
坎	艮	2017	丁酉	一
離	乾	2018	戊戌	九
艮	兑	2019	己亥	八
兑	艮	2020	庚子	七

男	女	年份		紫白
乾	離	2021	辛丑	六
坤	坎	2022	壬寅	五
巽	坤	2023	癸卯	四
震	震	2024	甲辰	三
坤	巽	2025	乙巳	二
坎	艮	2026	丙午	一
離	乾	2027	丁未	九
艮	兑	2028	戊申	八
兑	艮	2029	己酉	七
乾	離	2030	庚戌	六
坤	坎	2031	辛亥	五
巽	坤	2032	壬子	四
震	震	2033	癸丑	三
坤	巽	2034	甲寅	二
坎	艮	2035	乙卯	一
離	乾	2036	丙辰	九
艮	兑	2037	丁巳	八
兑	艮	2038	戊午	七
乾	離	2039	己未	六
坤	坎	2040	庚申	五

男	女	年份		紫白
巽	坤	2041	辛酉	四
震	震	2042	壬戌	三
坤	巽	2043	癸亥	二
坎	艮	2044	甲子	一
離	乾	2045	乙丑	九
艮	兑	2046	丙寅	八
兑	艮	2047	丁卯	七
乾	離	2048	戊辰	六
坤	坎	2049	己巳	五
巽	坤	2050	庚午	四
震	震	2051	辛未	三
坤	巽	2052	壬申	二
坎	艮	2053	癸酉	一
離	乾	2054	甲戌	九
艮	兑	2055	乙亥	八
兑	艮	2056	丙子	七
乾	離	2057	丁丑	六
坤	坎	2058	戊寅	五
巽	坤	2059	己卯	四
震	震	2060	庚辰	三

男	女	年份		紫白
坤	巽	2061	辛巳	二
坎	艮	2062	壬午	一
離	乾	2063	癸未	九
艮	兑	2064	甲申	八
兑	艮	2065	乙酉	七
乾	離	2066	丙戌	六
坤	坎	2067	丁亥	五
巽	坤	2068	戊子	四
震	震	2069	己丑	三
坤	巽	2070	庚寅	二
坎	艮	2071	辛卯	一
離	乾	2072	壬辰	九
艮	兑	2073	癸巳	八
兑	艮	2074	甲午	七
乾	離	2075	乙未	六
坤	坎	2076	丙申	五
巽	坤	2077	丁酉	四
震	震	2078	戊戌	三
坤	巽	2079	己亥	二
坎	艮	2080	庚子	一

男	女	年份		紫白
離	乾	2081	辛丑	九
艮	兑	2082	壬寅	八
兑	艮	2083	癸卯	七
乾	離	2084	甲辰	六
坤	坎	2085	乙巳	五
巽	坤	2086	丙午	四
震	震	2087	丁未	三
坤	巽	2088	戊申	二
坎	艮	2089	己酉	一
離	乾	2090	庚戌	九
艮	兑	2091	辛亥	八
兑	艮	2092	壬子	七
乾	離	2093	癸丑	六
坤	坎	2094	甲寅	五
巽	坤	2095	乙卯	四
震	震	2096	丙辰	三
坤	巽	2097	丁巳	二
坎	艮	2098	戊午	一
離	乾	2099	己未	九
艮	兑	2100	庚申	八

《本篇完》

（九）《紫白原本錄要》原文——元末無着大士

繼大師

《紫白原本錄要》是元朝末年由無着大士所著，錄於《相地指迷》武陵出版社內第239頁，它以屋之坐山而分八宅宅命，以宅命之九星入中宮順飛各宮，以流年流月紫白九星飛泊到宮而斷所尅應之事，現錄出《紫白原本錄要》原文如下：

《紫白原本錄要》——元末無着大士著（梁溪錢師裴　字晉公註）

四一同宮。準發科名之顯。

一白是官星。四綠是文昌。如坎宅一白入中宮。流年遇四綠到中宮。或坎宅艮方是四綠。流年遇一白到艮。又如巽宅四綠入中宮。流年遇一白到中宮。或巽宅坤方是一白。流年遇四綠到坤之類是也。

七九共遇。常逢回祿之殃。

七赤是先天火數。九紫是後天火星。故主火災。（繼大師註：「回祿」即火災也。）

二五交加而損主。亦且重病。

二黑是病符。五黃是廉貞。故主死病。經曰。五主孕婦受災。黃遇黑時寡婦出。二主宅母多痗。黑逢黃至出鰥夫。

三七疊臨而刼盜。更見官災。

三碧是蚩尤星。七赤是破軍星。故主盜訟。

九紫雖司喜氣。然六會九而長房血症。七九之會尤凶。火尅金也。

四綠固號文昌。然八會四而小口殞生。二四之逢更惡。木尅土也。

八逢紫曜須知婚喜重來。六遇輔星可以尊榮不次。火生土。土生金。

二黑入乾逢八白。而財源大進。遇九紫而螽斯蟄蟄。

此指坎宅乾方。或乾宅中宮言之。

三碧臨庚會一白。則丁口頻添。交二黑。則青蚨闐闐。

此指坎宅兑方。或兑宅中宮言之。

卦於乾位屬金。九星則二黑為土。此號星宮之吉入三層。則木來尅土而財少。入兑局。則星列生宮而人興。再逢九紫。臨火土之年。斯為得運。而財丁並茂。兼主科名。

此指坎宅言之。餘倣此。

圖於四綠為金。洛書則四綠為木。此乃圖尅書之象。入兑方。則文昌破體而出。孤入坤局。則土重埋金而出寡。若以一層居坎震之鄉。始為得氣。而科甲傳名。亦增丁口。

此指間數言之。層數亦倣此。

是故欲求嗣續。惟取生辰加紫白。至論帑藏。尤宜旺氣在蜚星。若夫殺旺。求印旺。九星生處宜尋。制殺不如化殺。局山旺地施工。

如兑宅七赤入中宮。遇其年九紫蜚到中宮為殺。則修動八白所到之方。是為洩火以生金。或修動六白所到之方。以助七赤之旺。是為旺地施工。餘倣此。

推而行之。一宅可通八宅。神而明之。九星專用一星。

此篇所論九星。似取輪年蜚到者。以與坐家九星較生尅定吉凶也。但其理活動。非衹可施之相宅。修方。即以之論陰地。亦無不可。

《本篇完》

（十）《紫白原本錄要》原文解釋及註解

繼大師

原文：

「四一同宮。準發科名之顯。」

繼大師註解：

凡陽居如坐壬、子、癸三山之範圍，後天八大卦為坎，先天數是一，即以一白遁入中宮順飛各宮，如流年二〇〇五年（乙酉年）是四綠入坎宅之中宮，是四一同宮，繼大師釋之如下圖：

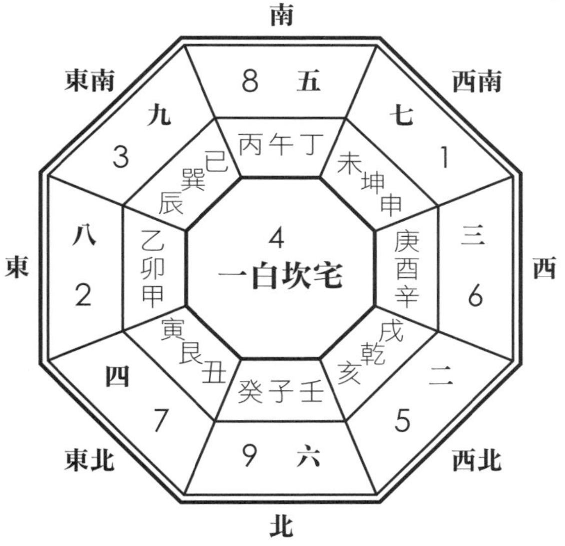

二〇〇五年乙酉年
四綠入坎宅圖

（繼大師作圖）

若是一白坎宅剛逢流年二〇一一年（辛卯年）是紫白七赤年星入中順飛各宮，則八白到乾，九紫到兌，一白到艮，而坎宅是四綠在艮，則在二〇一一年（辛卯年）之東北位艮方是四一同宮，繼大師釋之如下圖：

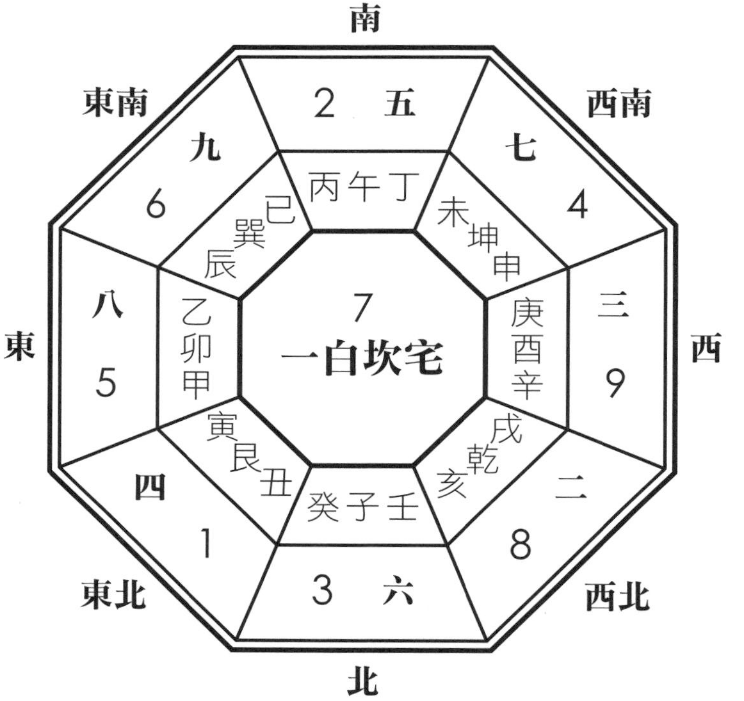

二〇一一年辛卯年七赤入坎宅圖
東北方艮宮是四一同宮

（繼大師作圖）

如陽居坐辰、巽、巳山之範圍，後天八大卦是巽，先天數是四，稱之為巽宅，並以四綠入中宮順飛各宮，若遇流年一白到中宮，是四一同宮，如二〇〇八年（戊子年）是流年紫白一白年星到中宮，如下圖：

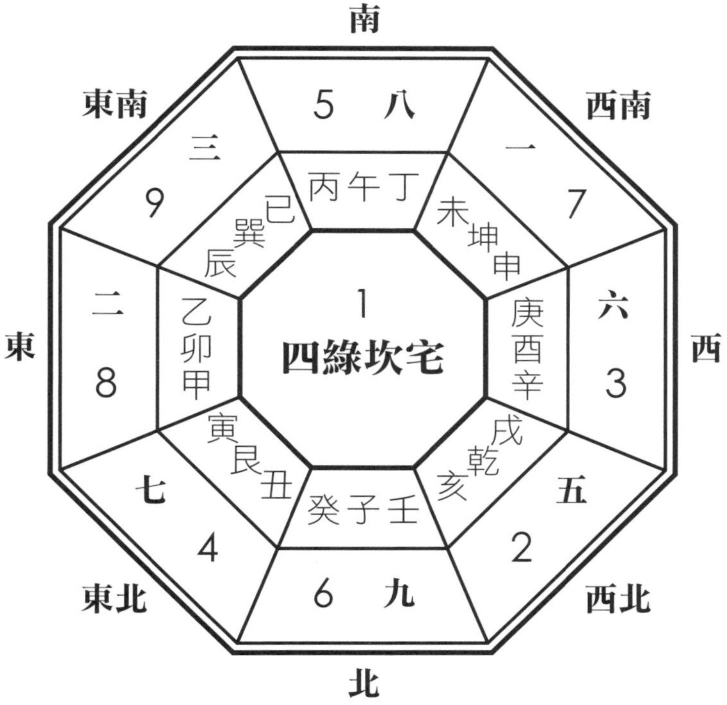

二〇〇八年戊子年一白入巽宅圖
巽宅為坐東南向西北方

（繼大師作圖）

又例如同樣是巽宅，陽居坐辰、巽、巳之範圍，宅星一白飛臨坤宮（西南方未、坤、申），剛遇流年二〇〇二年壬午年是紫白年星七赤到中宮，順飛各宮，是八白到乾，九紫到兌，一白到艮，二黑到離，三碧到坎，四綠到坤宮，則在二〇〇二年壬午年在巽宅之西南方坤宮未、坤、申位，是四一同宮，繼大師釋之如下圖：

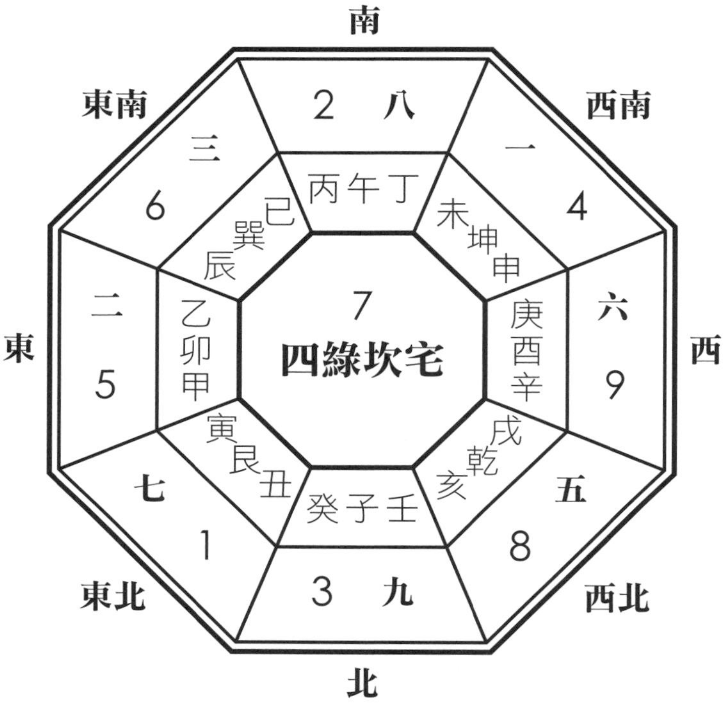

二〇〇二年壬午年七赤紫白年星入中圖
巽宅之西南坤宮是四一同宮

（繼大師作圖）

以上各例，原理相同，古時中國大部份地區，多建有塔，七層或九層不等，其作用可作人工文筆塔，若然在可見範圍內，陽居之巽方東南方有文筆塔，若是四、一紫白流年或流月飛臨到巽方，陽居又是坎宅或巽宅，則文筆塔之尅應自然生效。

再者要視乎宅中人命，以出生年命相配，縱使不發科名之顯，也可讀書考試成績好，並加上自己用功努力，陽居佔三成，祖上陰宅墓地佔七成，是多重組合關係，天、地、人各佔三份力量，不可不知。

若然祖上陰宅墓地能夠收取文筆峰，或文筆筆架，又能配取後代房份及年命，則定出文人，而紫白流年流月飛臨文筆或筆架之方位，或與文筆或筆架三合之年份相配，則是尅應之年份。

紫白之尅應是以巒頭為重，有巒頭之格局，相配紫白飛星，加上三合年命，定可推算其吉凶。

原文：**「七九共遇。常逢回祿之殃。」**

繼大師註解：

若前山有火形山迫近，或有屋簷之尖角沖射大門，是犯火煞，再遇流年流月紫白飛星七赤及九紫到門方，宅之坐向又逢流年流月之三合方，則多發生火災，所以有時是應首個三合之年，有時應第二個週期之三合年，這要仔細分辨也。

若巒頭無大煞，這樣在流年流月紫白七赤及九紫相遇之星的宮位方，切不可重修或加建或大興土木等，若然在動工之日同犯正五行之神煞，則火災或凶事立見，宜小心為妙。

原文：**「二五交加而損主。亦且重病。」**

繼大師註解：

在眾多九星之中，以二黑五黃相交於同一宮為至凶，若流年流月之二黑五黃同飛泊到坤宅之艮方大門處，則應人口易犯重病，因為坤山艮向之陽居，門口多向艮方東北位，是陽光最少到之方位，是為「三陽不照」之處，故東北艮方又稱「鬼門」之方，故此陰氣較重而易患疾病。

但是，若果門雖向艮方東北處，而山巒地勢極佳，能收取逆水，又兼旺山旺向，這樣之門向是不怕的，山巒多佔七成力量，再加上收取旺卦線度，焉有不吉之理呢！除非是重建或大修艮方東北門口而適逢二黑五黃同到宮位，這引動凶方凶星之氣，這樣才會招凶。

原文：**「三七疊臨而劫盜。更見官災。」**

繼大師註解：

三碧七赤宅命再配上流年流月紫白飛星同時飛臨宮位，則要小心官災盜訟，其宅命及紫白飛星與前例相同，其實，紫白飛星亦要因陽居之地理環境而定，如果有人居住在陽居大廈之高層與低層近平台處，雖住同一單位，但其效果明顯不同。

昔日，有一友人居住在大廈四字樓處，其窗台面向平台之處，下面是架空的行人通往平台花園之通道，一天當友人全家外出之際，被人從平台三樓處，從窗戶爬入家中而失竊，幸無重大損失，這種情形就是巒頭環境佔最大影響，加上紫白流年流月九星三碧七赤到臨中宮或到方，那年那月可要小心一點，易遭盜賊光顧。

原文：**「九紫雖司喜氣。然六會九而長房血症。七九之會尤凶。」**

繼大師註解：

屋之巒頭若欠佳，剛逢收取火旺之卦綫，如離卦南方等向，又有火形煞尖尅沖射，或有火形水路尖角所沖，遇六白及九紫或七赤九紫紫白飛星臨中宮或到方，再配上宅命是離宅、兑宅或乾宅，則易患血症之病，尅應以凶方之年或坐屋之三合年為主，向方之年及其三合之年又次之。

原文：**「四綠固號文昌。然八會四而小口殞生。二四之逢更惡。」**

繼大師註解：

如陽居築於山坡上，樓若高三層，剛遇屋前方建一新屋，有五層高或以上，則構成欺壓，前屋高於後屋，後屋多損小口，剛遇流年四綠紫白星入中，流月又逢八白星到坐山或入中宮，再配以坐山之干支，或逢坐山之三合年，則是應損小口之年月。

或陽居築於陡斜之地，來龍急斜而來脈必帶煞氣，這種格局是易損小口人丁，或是陽居剛好坐巽、辰、巳之方，是巽宅，逢流年流月八白入中或到坐山，又遇坐山之三合年的話，是應損小口之年。若陽居坐未、坤、申山，逢四綠流年流月紫白入中或到坐山方，亦是應損小口之年。

原文：**「八逢紫曜須知婚喜重來。六遇輔星可以尊榮不次。」**

繼大師註解：

陽居離宅或艮宅，遇八白或九紫之流年流月紫白入中，或飛泊到門方，則有喜事來臨，或親朋戚友請喜酒，或宴會喜慶之事特別多，若陽居所住之人，其八字運程剛逢結婚之年，或屋主年長之人剛逢大壽，即有辦喜宴之意。

陽居乾宅遇流年流月紫白八白星或六白星，兩者都是吉星財星，若兩星飛泊到中宮或門方，則財源有進賬。

原文：**「二黑入乾逢八白。而財源大進。遇九紫而螽斯蟄蟄。」**

繼大師註解：

陽居坎宅乾方遇流年流月紫白之二黑及八白二星交會，則財源大進，若二黑入乾方而遇九紫星，則子孫繁衍，「螽斯」又稱「蜇螽」（蜇螽音節宗，是害蟲，螽斯多而成群。），以螽斯之多而比喻子孫之眾多。但在陽居巒頭方面，要先得地氣為主，兼逢爐灶得旺向，則生生不息，再配合用紫白或坐山三合之年推算之，則更為準確。

原文：**「三碧臨庚會一白。則丁口頻添。交二黑。則青蚨闐闐。」**

繼大師註解：

陽居坎宅是三碧臨兑方（西方庚、酉、辛），以兑宅（即坐廿四山之庚、酉或辛方）則一白年星月星加臨中宮，三碧一白兩星相會是添丁之年，最好配上坐山三合之年或以陽居主人生年干支相加推之，則其準確性更大。

若坎宅以三碧臨兑宮庚酉辛方，流年流月遇三碧二黑兩星交會，則財源大增，「青蚨闐闐」（闐音田）即是，有青蚨之傳說，謂青蚨塗血，可以引錢使歸，因此蚨母作錢的通稱。比喻引錢入屋。

原文：「卦於乾位屬金。九星則二黑為土。此號星宮之吉入三層。則木來尅土而財少。入兑局。則星列生宮而人興。再逢九紫。臨火土之年。斯為得運。而財丁並茂。兼主科名。」

《紫白原本錄要》之解釋：

二黑屬土，於坎宅飛臨西北乾宮之方，而陽居位於第三層，是屬木，是木尅二黑土，會影響錢財之收入。

若陽居於第三層，二黑流年流月紫白飛泊到坎宅兑宮（庚酉辛），兑宮屬七赤火，火生土，生二黑土，這有人丁興旺之象。

如再遇九紫火星飛泊到同宮，遇七、二、九火土流年之星入坎宅中宮，則火生土而得財運也，並兼主科名。

繼大師註解：

以上是以紫白飛星之時運斷事，至於層數之五行，筆者實不敢苟同，這是很簡單的道理，若地下之陽居前方有建築物阻擋，遮去前面堂局，但在同一單位而在第三層之單位內，剛好高過前面之建築物，可看見前面明堂。

這樣居於第三層之同一單位內之風水，肯定比地下之同單位位置為佳，兩者之吉凶尅應當然不同，豈有以層數作五行而定吉凶之理，讀者宜深思之。所以應以巒頭為主，理氣為用，紫白飛星只可在沒有巒頭好壞之比較下而用於斷事之尅應。

原文：**「圖於四綠為金。洛書則四綠為木。此乃圖尅書之象。入兑方。則文昌破體而出。孤入坤局。則土重埋金而出寡。若以一層居坎震之鄉。始為得氣。而科甲傳名。亦增丁口。」**

繼大師註解：

洛圖四綠先天數屬金，而洛書四綠在巽方是屬木，河圖之五行（金）尅洛書之五行（木），是金尅木。如下圖所示：

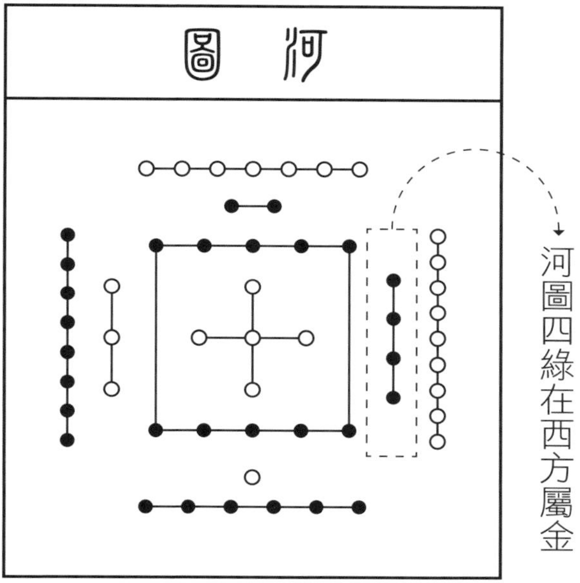

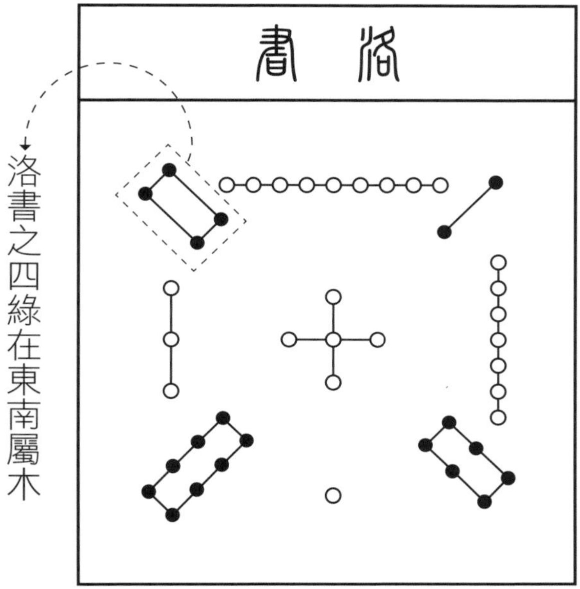

以坎宮而言，若流月紫白四綠吉星飛臨兌宮（西方庚酉辛）或雙四綠星重疊於兌宮，兌宮在坎宅是七赤破軍星屬金（以五居中計算，則七赤在兌宮。）金剋木，文昌星受剋，功名不顯。

若流年流月紫白四綠入坤宅中宮（坤宅為二入中宮），則是二黑與四綠交會而易出孤寡。若陽居在第一層流年四綠入坎宅中宮，或入震宅之震宮，是一四同宮，而科甲傳名，亦增人口也。茲列圖如下：

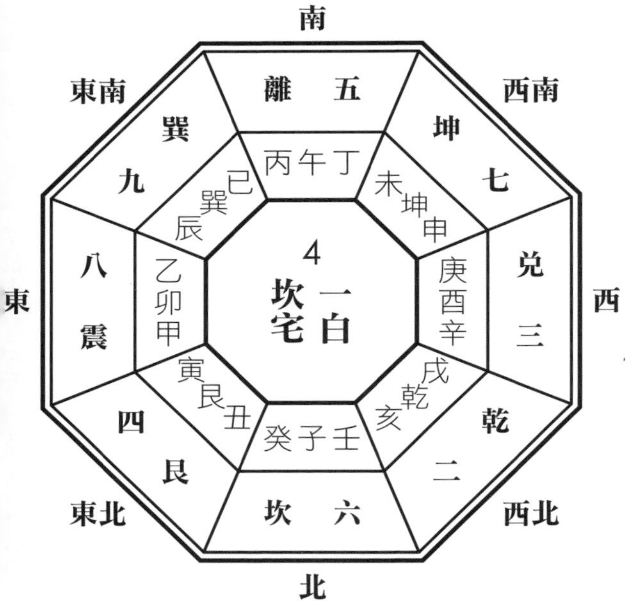

流年或流月四綠入坎宅中宮

（繼大師作圖）

如二〇〇三年癸未年及二〇一二年壬辰年均是六白入中，而四綠紫白年星飛泊到震宮，辰、戌、丑、未年是紫白月星五黃在寅月入中，遇辰月到三碧入中，順飛至震宮是一白星，是為年星四綠與一白月星相會於震宮震宮。

茲列圖如下：

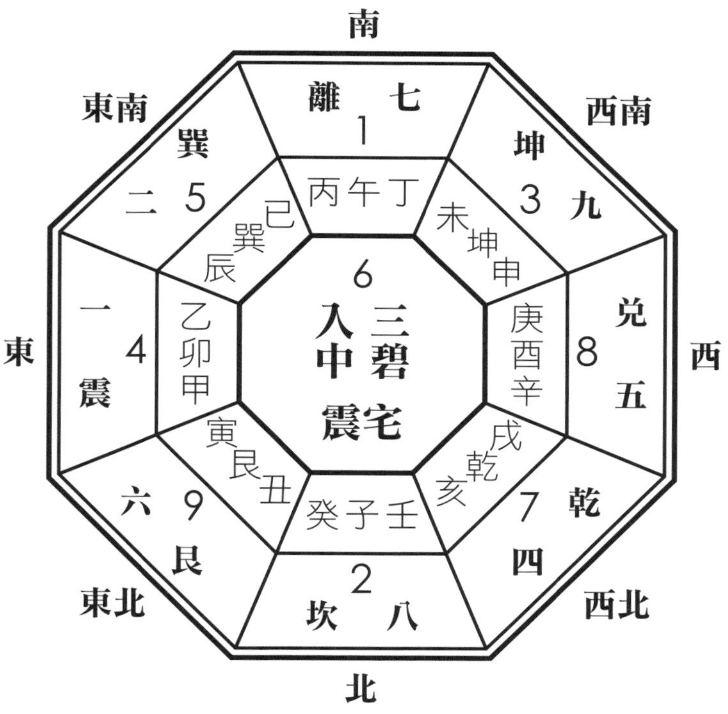

（繼大師作圖）

原文：**「是故欲求嗣續。惟取生辰加紫白。至論帑藏。尤宜旺氣在蜚星。若夫殺旺。當求印旺。九星生處宜尋。制殺不如化殺。局山旺地施工。推而行之。一宅可通八宅。神而明之。九星專用一星。」**

繼大師註解：

若求生育子女，取屋主之生年年命與紫白相配，此點筆者繼大師認為陽居一定要有地氣始能生男丁，若是高樓大廈，首要看窗外巒頭，若窗外對面全是大廈，則要看卦線向度是否生旺之向，是巒頭與理氣互相配合。

除窗外堂局外，最重要的亦是屋門之方向及方位要相配，若屋門氣口當旺，灶頭亦要氣聚及納生旺之向，生孕之年亦要與陽居坐向成三合年。

若逢紫白年月九紫及二黑相臨，或三碧與一白臨坎宅兑方或臨兑宅中宮，則多是生丁之年，總之，各方數據資料與巒頭配合，則推算更為準確。

「帑藏」即是錢財，蜚（音匪）星即九紫火，原文註解的意思是，例如兌宅以七赤入中宮，遇流年流月九紫火臨中宮，則九、七相遇是為煞。

若在八白所到之乾宮修方，是洩火以生金，如在巽方六白處動工，是助木生火，助七赤之旺，為旺地施工，例如在二〇〇九年己丑年，是紫白年星九紫入中宮，若是兌宅是九、七相遇，易生火災。

總之遇流年流月之一、六、八吉星方位動工修造，再配合正五行擇日法合用，配合人命坐山則吉上加吉。如此類推，八宅之理相同，一宅熟玩，其餘各局自明。

（旺地施工之紫白飛星圖表例之如後）

《本篇註解完畢》

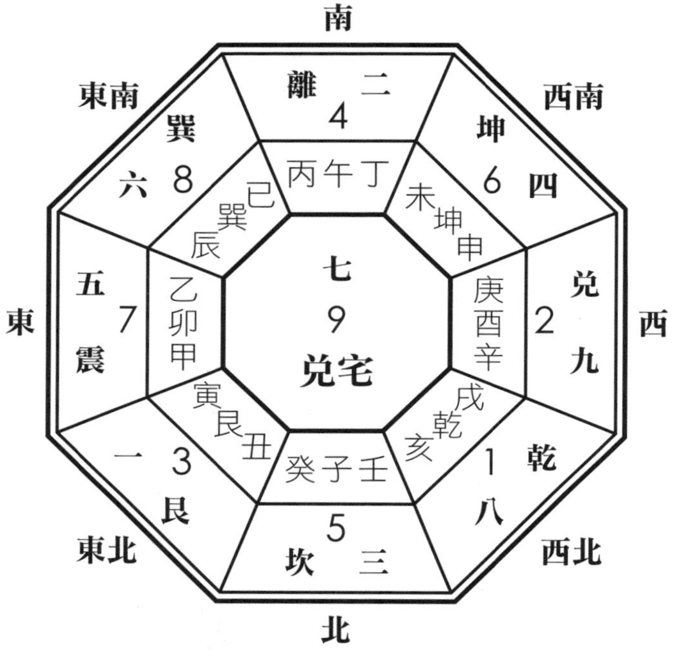

二〇〇九年己丑年紫白九紫入兌宅中宮，
九・七相遇，若在乾方八白處動工為洩火生金，
巽方六白處動工是助七赤之旺為旺地施工

（繼大師作圖）

結論

紫白原於洛書，宅命是用八卦而定，是固定九星之數，紫白是流動九星之數，兩者相合而斷應吉凶，筆者認為以流年及流月紫白九星飛臨各宮，再配合巒頭內局外局風水之尅應，加上廿四山向及三合方位，在推斷事情所發生之尅應是較為準確。

以巒頭為理據，以理氣推算，又陰宅佔七成，陽宅佔三成，但若陽居建於結陽宅之真龍結穴上，其地靈力量，是非同小可的，總之，是多重組合，但其背後之變化雖是數理，其實總不離開因因果果。

以上紫白訣之註解，其吉凶之推算，只佔整體的一小部份，是筆者繼大師個人經驗之心得見解，僅供讀者們參考。

《本篇完》

（十一）呂師所傳《紫白斷驗秘訣》

繼大師

筆者繼大師在學習風水期間，得恩師　呂克明先生傳授《紫白斷驗秘訣》，是　呂師于一九八六年丙寅年仲夏所編撰，並于一九八八年傳授於第三屆各同門及筆者，呂師於訣後寫著：

「紫白賦版本甚多，皆因傳抄之誤，但都大同小異，此訣乃吾師所傳，簡明易記，故錄之以公諸同好。」

現將原文公開，茲錄之如下：

四一同宮，準發科名之顯。
九七沖財，常招回祿之災。
二五交加，不死亡也患重病。
三七疊至，被劫盜更見官非。
九七為後天火，二七為先天火，
到沖動尖斜處難免火災。

五黃正煞，不拘到臨方，常損人口。
二黑病符，無論流年月建，疾病叢生。
五主孕婦受災，黃遇黑時出寡婦。
二主宅母多厄，黑逢黃至出鰥夫。

三碧為蚩尤，好勇鬥狠。
七赤名破軍，興災作禍。
七逢六名交劍煞，交劍煞臨防劫掠。
三遇二為鬥牛煞，鬥牛煞動惹官非。
七逢三到生財，那知露財招盜。
三遇七臨生病，豈料病愈遭官。

六白號武曲。八白稱左輔。
八六主文士參軍，或者他途擢用。
六八主武科發跡，否則異路成名。
九紫雖為天喜，然六會九而長房血症，七九同至尤凶。

四綠固號文昌，然八會四而小口殞生，三八疊加更惡。

八逢九紫，婚喜重來。

六遇八輔，尊榮疊至。

二黑飛乾逢八白，而財源大進，遇九紫則瓜瓞緜（添丁）**。**

三碧臨庚逢一白，而丁口頻添，交二黑則倉箱濟濟。

以上師傳之**《紫白斷驗秘訣》**，必須配合巒頭吉凶始可應驗，不是單背口訣便可斷事，同時亦要配合大廈或村屋之坐向線度共同推算之，則其準確性會更好，而坐向於羅經中之廿四山向亦要互相配合，或到坐山之年，或到向山之年，或與坐向成三合之年，兩者同看。

寫一偈曰：

紫白秘訣
師傳所說
巒頭配合
天機可奪

《本篇完》

（十二）紫白文昌位的觀念

繼大師

一般學風水的人，大部份都認同有文昌位的說法，並認為以流年流月的一白及四綠紫白飛星飛臨到同一宮位就是文昌位。筆者繼大師對此說法並不反對，但也不完全認同，有人會認為小孩子讀書或成人考取功名或考試等，其選擇位置方位是紫白四、一同宮，便可準發科名之顯，這只是在空間及時間上得到有利之優點而已。

最重要的，還要配合其環境是否藏風聚氣，其巒頭之擺設，最好要符合下列各點：

（一）讀書者要有實牆或間隔作靠，是有靠山。

（二）左、右有牆作龍虎砂之守護，但牆不宜太深，如沒有牆作守護，用矮櫃放置於左右，其功能一樣。

（三）不要有門沖。

（四）不要背著門而坐，是逆門向之生氣。

（五）人所坐之位置要朝逆水，或朝逆氣氣口。

（六）人之年命再配合坐位之坐向，要成三合局，或比助、生旺等。

（七）讀書枱之坐向要立生旺之向，其方位若得流年流月之四、一白紫白飛星同到其方位，或到坐山，就是讀書最吉利之一年。

綜合以上各點，筆者繼大師認為就是最理想的「文昌位」了。但至於陽居風水之力量是有一定限制的，一個人是否能夠讀書，或是否有功名，其決定在於先後天及多重因素組合，不可單以陽居風水而定，其各方面因素可歸納如下：

（一）祖上山墳是否得出文人之大地理，若有，則出有文思及有智慧之人，是先天因素。

這祖上既已蔭出能人之後代，但近代祖先山墳風水要沒有破敗刑剋，即使是平安地，也能將遠祖之風水大地發揮出來，能夠接氣。這些都是先天因素，人一出生，就具備智慧，善於讀書，或記性佳等。

（二）陽宅風水又位於陽宅結穴處，或有文筆砂，或有筆架山、池硯等，是後天地理環境因素。

（三）讀書佳之人，要看其個人之意向，經商、當軍、從政或發展文藝事業等，這與個人之興趣及本能有關，是人為的因素。

（四）無論陰宅或陽居，要有如楊筠松祖師在**《天玉經內傳下》**所說的：**「乾山乾向水朝乾，乾峰出狀元。」**的格局始可以。

總括以上所論，文昌位之擺設及出文人之大地理，只是出能夠讀書之人，但至於其個人意向亦很重要，所以不能一概而論，這必須要配合如下三點，就是：

天時

地利

人和

《本篇完》

（十三）觸犯紫白及其他神煞之原理

繼大師

楊公曰：「**千工萬工。須求年白。百工十工。須求月白。以年白為上，月白次之。**」

這說法是，人若邀福，須在年星及月星之紫白星一、六、八及九紫吉星到宮位之際而動工則吉。換句話說就是在二、五紫白凶星同到之宮位動工則損丁傷人而大凶。

其修造之原理，是以時間（擇日）及方位（選方）兩者一同配合為主，但至於吉星及凶星之層次與威力不同，所以，在任何時間均有大大小小之吉凶神煞出現，其吉凶原理是：

凶——吉凶神煞同到一方，但凶星之威力大過吉星，吉星被剋。

吉——吉凶神煞同到一方，但吉星之威力大過凶星，凶星受制。

吉凶神煞之星，是因為「時間及空間的方位」而產生，但最主要的就是與人命之配合，其三者之關係是：

天——天時、時間（包括天氣、氣候）之選取。

地——地理環境、山川河海等，山龍、水龍得地靈之地氣而選取。

人——人命之生年，在年青、幼年或老年時代上之配合。

天、地、人三方面之配合是極為重要，在神煞上之選取，可能有以下情況之出現：

（一）若修山坐向是辛山乙向，其人後代剛好是辛命或乙命，以辛酉及乙卯年命人最有關係，若祖墳山向犯巒頭理氣及擇日時空之煞，則以辛酉及乙卯年生人之後代，其剋應之程度為最大，其他沒有那麼密切關係之年命後代生人，其剋應之程度是其次。若是吉山及大吉日課，則大吉大利。若是凶山及犯日課方位之凶煞，則凶力加倍。

（二）在修山方面，其山墳之坐向及在巒頭上之配合，產生不同的吉凶，吉方應吉方相關之後代，而凶方則應凶方相關之後代，例如丙山壬向，申方有吉山或吉水來朝，而丙山後靠嶙峋或破碎，則是：丙年命生人之後代應凶，後靠嶙峋山峰則丙年生人多凶惡，若後山破碎多應短壽或意外橫死等凶事，壬干年命生人則次之，其他年命生人再次之。

申地支年命生人後代應吉，吉水來朝多應富，子、辰年命人所應則次之，若逢壬、丙之流年則多遇意外凶險，若遇申、子、辰年或紫白吉星同到申方，則財源大增。

最相近之年命人後代則多應，不相近之年命人則少應，或者是房份上之尅應，遇流年則發生所應之事，是吉凶齊應。

至於修山、修方，在擇日取時上而觸犯神煞，其原理與此相同，但觸犯日課之神煞，其所應之時間較速，近者一個月內，慢者三年。

以上所論，其實是時間及風水上之選取（空間），故因此得吉利而邀福。

寫一偈曰：

時方選取
得大吉利
天機難測
因果應機

《本篇完》

（十四）如何快捷地選擇紫白吉星方位

繼大師

無論任何「年、月、日、時」的紫白飛星，它有一定的運行方式，我們找着它的飛泊軌跡，就可以準確地找出各種紫白吉、凶飛星飛泊到所屬的宮位了。

首先，我們分出吉凶之紫白星，以「一、六、八、九」為吉，以「四」為中等，以「三、七」為中凶以「二、五」為最凶，這是單以個別的紫白星而言。

一般紫白飛星是「每年、每月、每日、每時」逆排而列，順飛各宮位而行，只要找出何星入中，何吉星就會到何宮位，只記住吉星位置就可以，而凶星可不用記。

我們做好紫白飛星圖表，以「一、六、八」吉星任何兩顆或以上，同時入同一宮位就可以，作為手冊使用，方便查閱。

無論陰陽二宅，使用紫白飛星之「一、六、八」同宮，只是配合擇日作修造用途，所以用《正五行擇日法》，加上「年、月」的紫白飛星加臨同一宮，已經很足夠了。

至於「日、時」的紫白飛星為次要，若是能夠配合則最好。筆者繼大師現將各宮位的「一、六、八」順飛紫白吉星，列之如下：

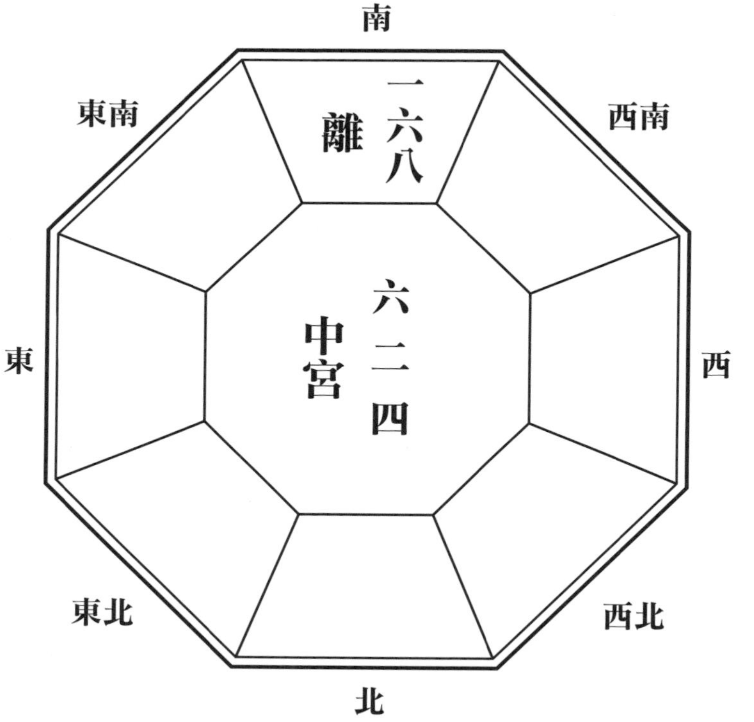

（圖一）

紫白六、二、四入中宮
則一、六、八同入離宮

（繼大師圖　丁酉季夏）

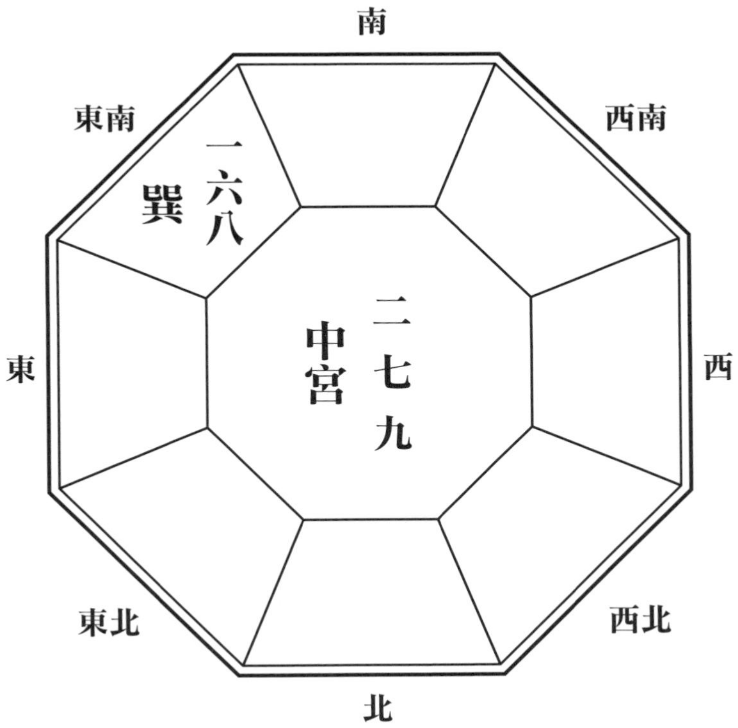

（圖二）

紫白二、七、九入中宮
則一、六、八同入巽宮

（繼大師圖　丁酉季夏）

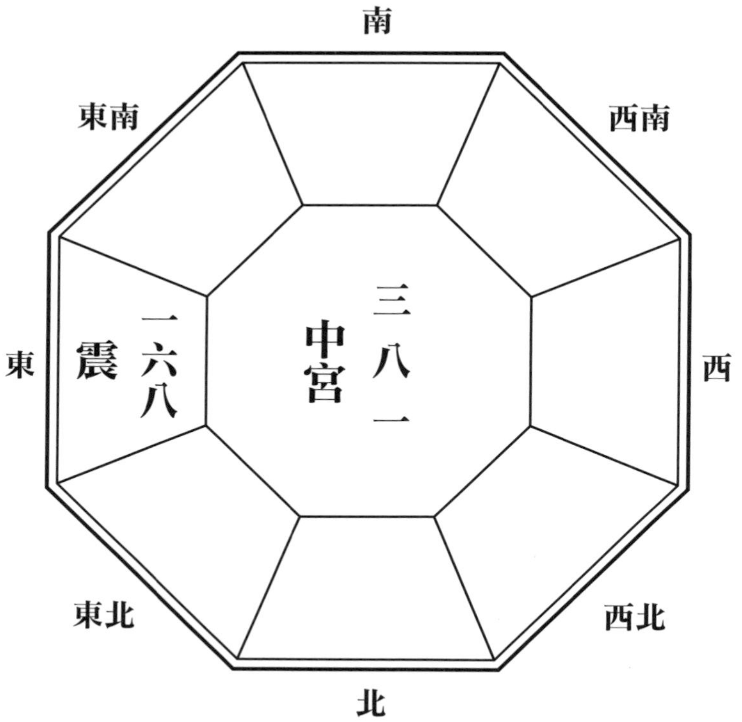

（圖三）

紫白三、八、一入中宮
則一、六、八同入震宮

（繼大師圖　丁酉季夏）

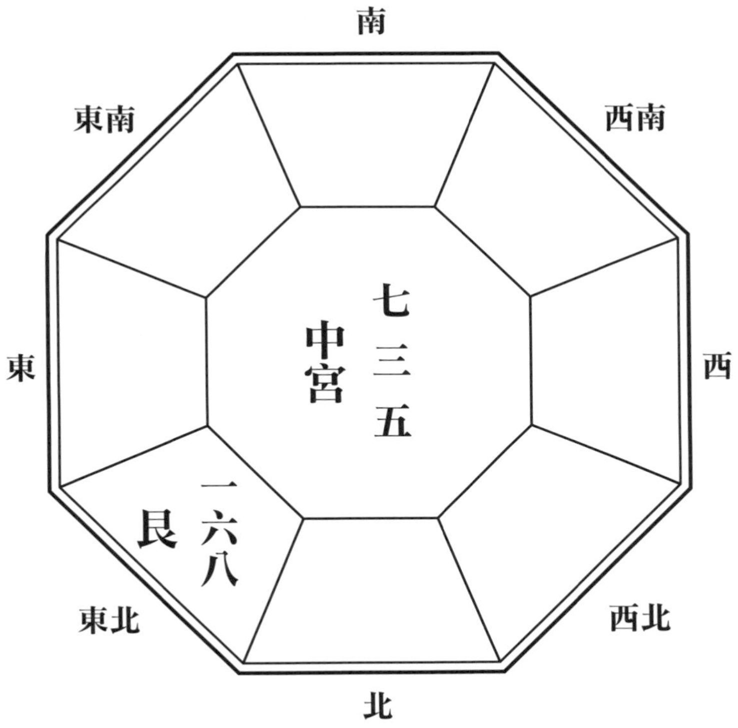

（圖四）

紫白七、三、五入中宮
則一、六、八同入艮宮

（繼大師圖　丁酉季夏）

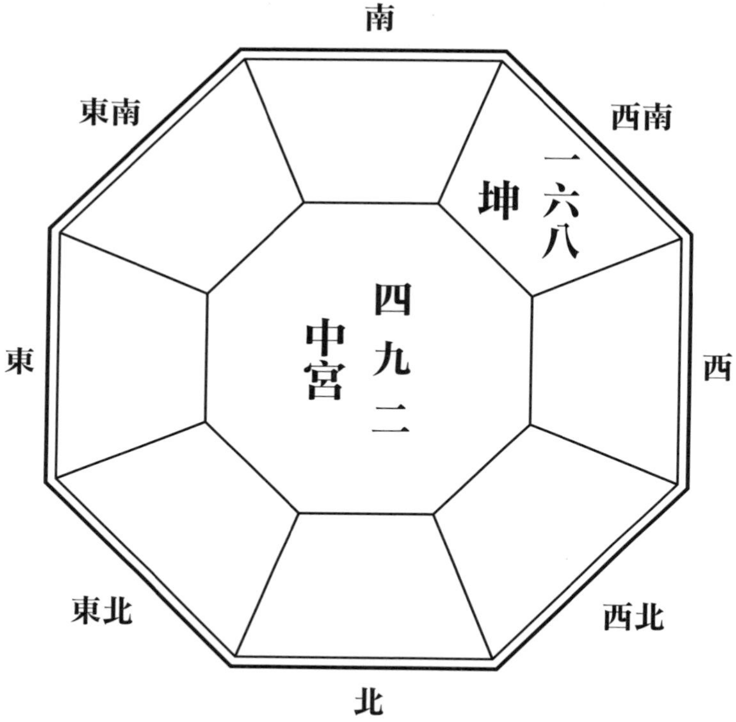

（圖五）

紫白四、九、二入中宮
則一、六、八同入坤宮

（繼大師圖　丁酉季夏）

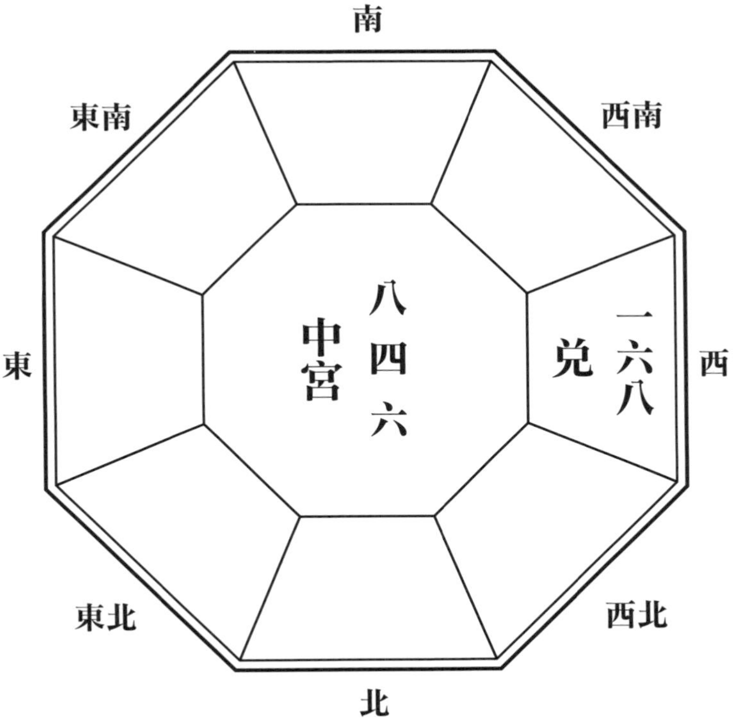

（圖六）

紫白八、四、六入中宮
則一、六、八同入兑宮

（繼大師圖　丁酉季夏）

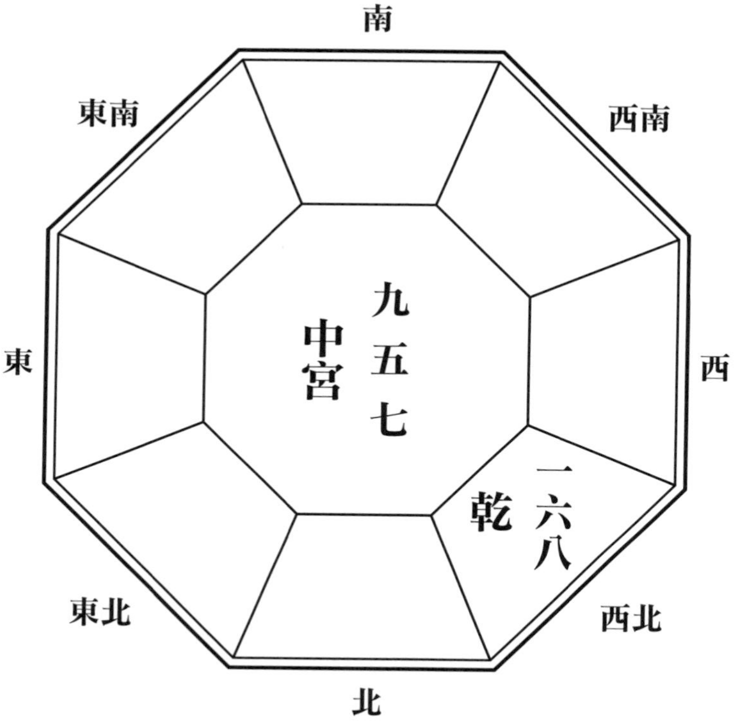

（圖七）

紫白九、五、七入中宮
則一、六、八同入乾宮

（繼大師圖　丁酉季夏）

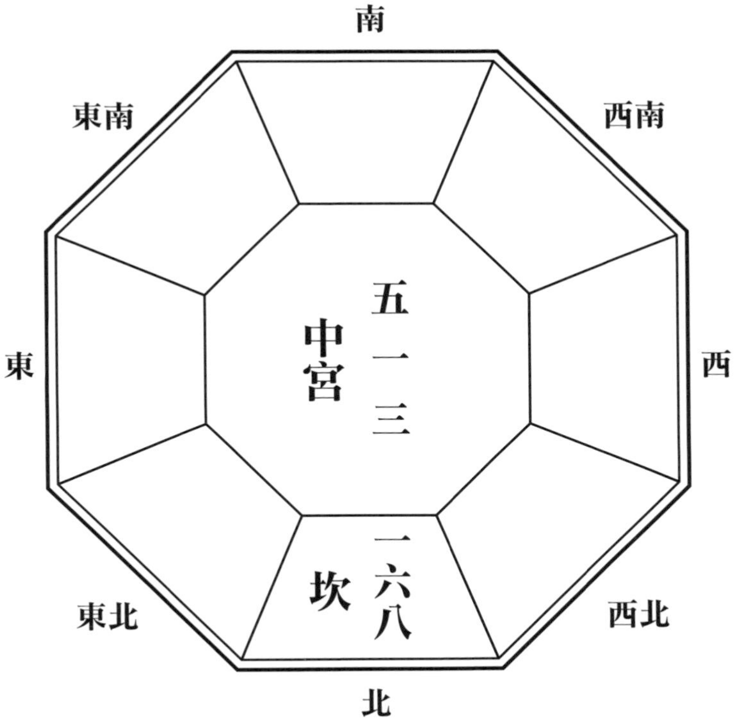

（圖八）

紫白五、一、三入中宮
則一、六、八同入坎宮

（繼大師圖　丁酉季夏）

《本篇完》

（十五）《論紫白》《選擇求真卷七》註解

繼大師

原文：**邱平甫曰。諸家年月多訛舛。惟有紫白卻可憑。**

繼大師註：邱平甫說，各家擇日法上，多有誤謬，惟有「紫白」卻可以依靠。

原文：**曾文辿曰：「祿到山頭主進財。從外壓將來。馬到山頭進官職。要合三元白。貴人與白同旺相。貴子入廟堂。六白屬金秋月旺。紫大春夏強。一八水土旺三冬。立見福祿崇。」**

繼大師註：風水祖師楊筠松大弟子曾文辿地師說：以《正五行擇日法》擇日，以日課干支的「祿」到山頭，主進財，如「子」山，擇天干四個「癸」，「癸」干之祿到「子」山，則財祿從外而來。

若是日課擇驛馬到坐山，則會升官加薪。如：

「丑」山，日課擇「亥、子、丑」三會水局，「亥」為「丑」山之驛馬。

「申、子、辰」驛馬在「寅」。
「寅、午、戌」驛馬在「申」。
「巳、酉、丑」驛馬在「亥」。
「亥、卯、未」驛馬在「巳」。

日課要配合三元紫白「一、六、八」吉星飛臨同一宮位，日課貴人與紫白同旺相。

驛馬表

五行	**長生**	**帝旺**	**墓庫**	**沖長生位之驛馬**
金	巳	酉	丑	亥
木	亥	卯	未	巳
水	申	子	辰	寅
火	寅	午	戌	申

真驛馬圖

申、子、辰年馬在寅

年天干	真驛馬
甲	丙寅
丙	庚寅
戊	甲寅
庚	戊寅
壬	壬寅

寅、午、戌年馬在申

年天干	真驛馬
甲	壬申
丙	丙申
戊	庚申
庚	甲申
壬	戊申

巳、酉、丑年馬在亥

年天干	真驛馬
乙	丁亥
丁	辛亥
己	乙亥
辛	己亥
癸	癸亥

亥、卯、未年馬在巳

年天干	真驛馬
乙	辛巳
丁	乙巳
己	己巳
辛	癸巳
癸	丁巳

例如造葬「申」山，日課天干有「乙、己」，其貴人到「申」山而助旺之，紫白「六白」吉星屬金，旺於秋月（農曆七、八、九月）。

紫白一白貪狼及八白土，此吉星大旺於春夏天，春天木旺，一白屬水，水生木，夏天火強，八白星稱「佈灑星」，為「地神」而屬土，可消除炎火之煞，以吉星生助，故曰：「一八水土旺三冬。立見福祿崇。」

原文：**此言紫白之真。且宜與貴人祿馬同到。紫白喜旺相。則愈有力。皆不二之論也。**

繼大師註：此說「紫白」吉星之真，與日課干支配合，得「貴人、祿馬」同到坐山及祭主年命，得紫白吉星「一、六、八」生旺，則日課愈有力，皆是真實的。

原文：**一行僧曰：「紫白所到之方。不避太歲。」將軍大小耗官符諸凶。惟不能制大月建而已。亦不避宅長一切凶年。並不能為害。惟不能制天罡四旺殺而已。**

繼大師註：唐代一行禪師曰：「紫白所到之方。不避太歲。」這說明紫白吉星之吉，坐山逢太歲加上紫白吉星飛臨，如「子山」逢「子年」，即是：「甲子、丙子、戊子、庚子、壬子。」修造子山，昔逢紫白吉星加臨，大吉也。

此處說：「紫白吉星能制「將軍、大小耗、官符」諸凶，惟不能制大月建而已。」

以筆者繼大師的經驗，若是「歲破」方，如「子山」逢「午年」，「子山」即是沖太歲方，沖山則山必破敗，此稱為「大耗」。

清朝的「欽天鑑」（負責天文地理術數的官員），例如紫禁城坐子山，逢午年不得修造此宮殿，縱然有紫白吉星加臨，「歲破」方亦不能修造。

此處亦說：**「惟不能制天罡四旺殺而已。」**天罡四殺如下：

（一）「寅、午、戌」命，擇於「丑年月日時」。

（二）「申、子、辰」命，擇於「未年月日時」。

（三）「亥、卯、未」命，擇於「戌年月日時」。

（四）「巳、酉、丑」命，擇於「辰年月日時」。

其實，若各位讀者依照《正五行擇日法》去擇日，就一定不會沖犯在五行生尅上而產生的神煞，因為此等神煞的產生，是由五行的沖剋而來。

原文：**則紫白之吉。古所共宗。凡紫白所到之處。造葬修作動土極吉。楊公曰：「千工萬工。須求年白。百工十工。須求月白。」以年白為上。月白次之。**

繼大師註：此段強調「紫白吉星」所到之處皆吉，得到各人的認同，凡紫白吉星飛臨之處，造葬、修造、動土極吉。

楊筠松祖師曰：「千工萬工。須求年白。百工十工。須求月白。」以年紫白吉星為上，月白紫白吉星次之，筆者繼大師用《正五行擇日法》配合年、月之紫白吉星同到修造的宮位，此為錦上添花。

原文：**通書有載。暗建受剋交鋒鬬牛等煞。謂白中有煞。殊屬牽強。蓋紫白出於洛書。戴九履一。左三右七。二四為肩。六八為足。中黃五極。**

一白即履一。坎水也。

二黑即右肩。坤土也。

三碧即左三。震木也。

四綠即左肩。巽木也。
五黃即中黃。五十也。
六白即右足。乾金也。
七赤即右七。兑金也。
八白即左足。艮土也。
九紫即戴九。離火也。

繼大師註：此段引述，通書之載，暗建受尅，交鋒鬪牛等煞，名為「白中有煞」，殊屬牽強。

「暗建」者，即該流年之每月入中宮的紫白星，在其本身的宮位內是為「暗建受尅」，如「子、午、卯、酉」年八白紫白月星於寅月入中宮，逆排各月，卯月七赤入中，辰月六白入中，巳月五黃入中，除五黃入中之月外，其餘各月入中之紫白月星之本身宮位，就是一「暗建煞」。

如在「寅、申、巳、亥」年，於寅月二黑紫白月星入中，卯月一白入中，辰月九紫入中，巳月八白入中，午月七赤入中，未月六白入中，申月五黃入中，酉月四綠入中，戌月

河圖

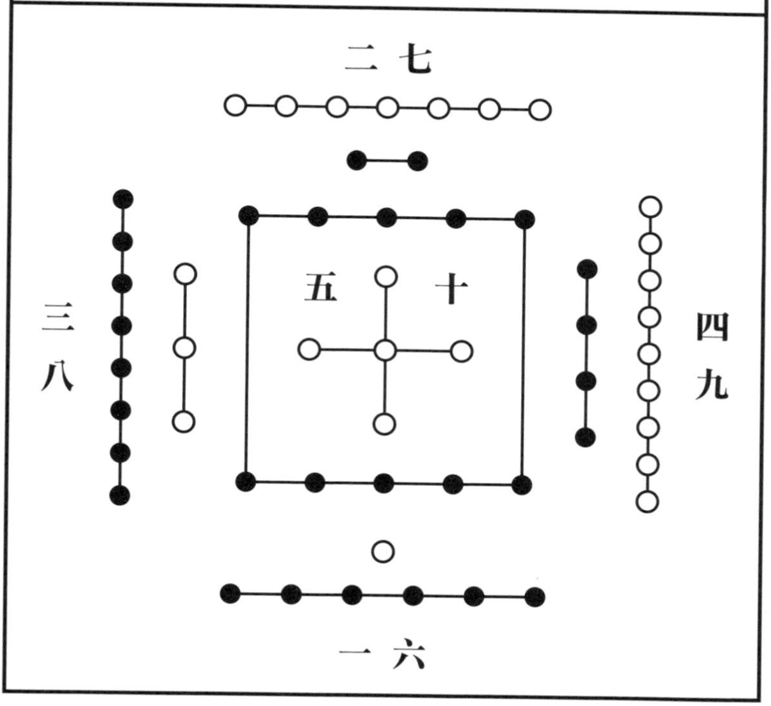

洛書

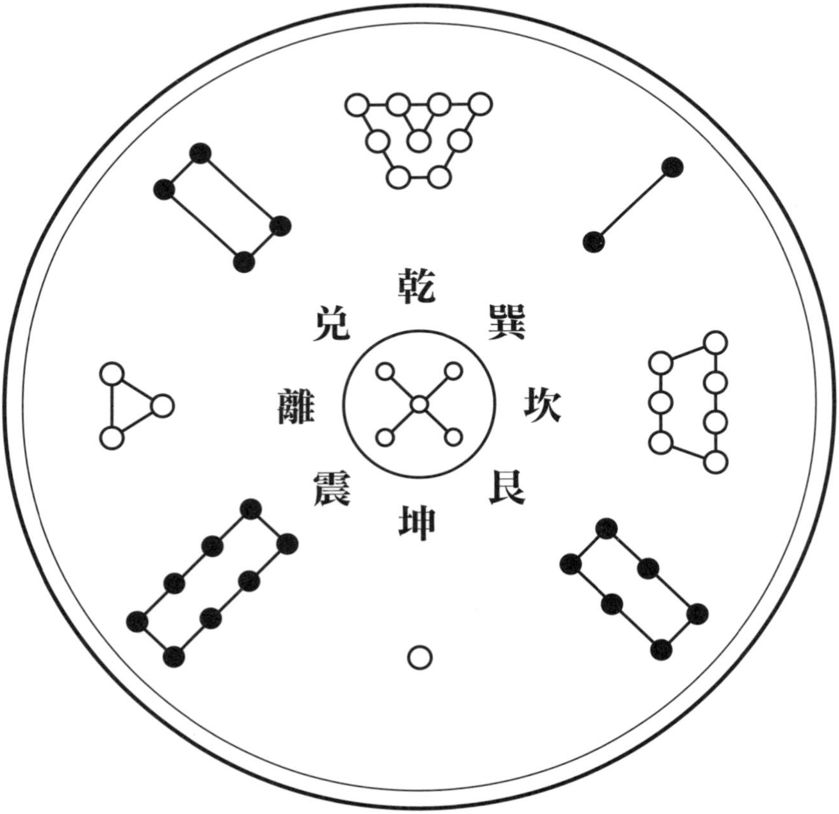

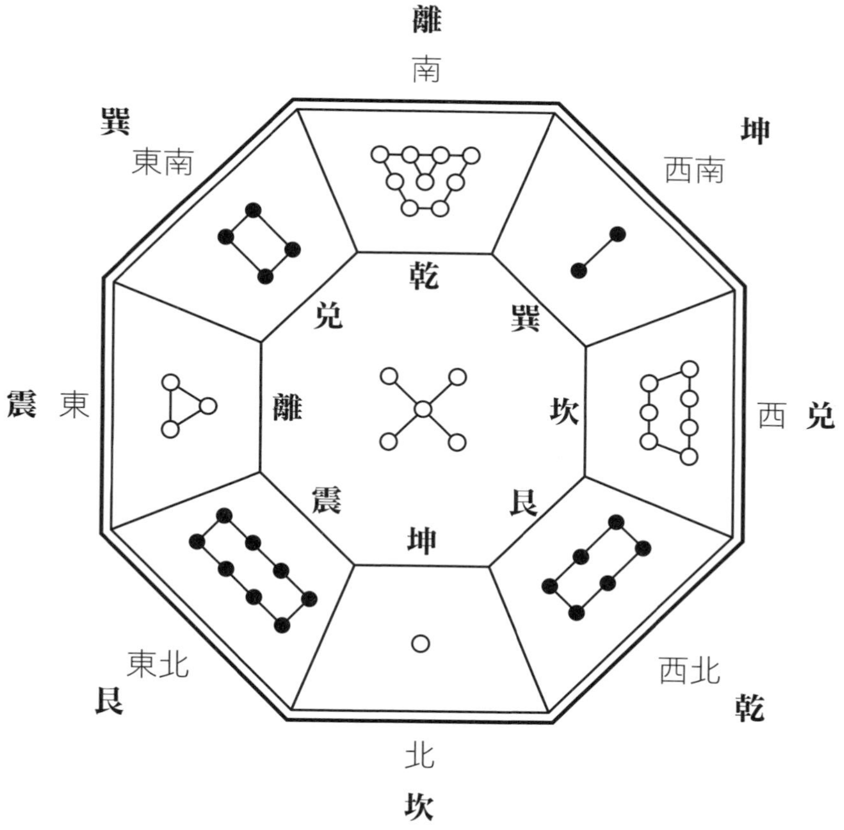

洛 書

（繼大師圖 丁酉季夏）

三碧入中，三碧屬東方震宮，則申年戌月震宮犯「暗建煞」。如此類推。

紫白之二黑、三碧星同宮為鬪牛煞，因三碧木剋二黑土故。

此段作者胡暉引述通書所說「鬪牛煞」及「暗建煞」殊屬牽強的說法。

原文：**故吉星中。惟紫白最吉。安得又捏為暗建等煞。況吉星猶善也。君子縱不得力。不能為福。決亦不肯為禍。三元集要。闢為捏造而矣。**

繼大師註：此說明吉星之中，以紫白飛星最吉，作者認為：「怎麼可以捏做為暗建等煞呢，況且遇到吉星都是好的，雖然縱不得力，不能為福，但亦不會為禍，《三元集要》被視為捏造矣」。

原文：**凡月家吉星吊替飛宮。不犯衝伏為美。如一白到坎。八白到艮。為星伏之地。九紫到坎。八白到坤。為星衝之地。其吉減力。**

繼大師註：洛書九宮縱橫之數，橫、直及斜，相加之數都是十五，而六十甲子吊宮擇日法，是根據九宮飛星依一至九飛泊的排列軌跡進行，由中宮順佈飛泊排列，名「吊替」

，為中宮五，東北乾六，西兑七，東北艮八，南離九紫，北坎一，西南坤二，東震三，東南巽四，用流年、流月等干支，以九宮順推排列，求出每宮所「吊得」的五行干支，而定出某年某月某方位，宜修造或宜避之等，與羅盤二十四方位配合，以定出吉凶休咎。

但在吊替修造法之中，有一禁忌，不可犯上「伏星」及「星衝」之煞，如一白到北一坎水，八白到東北八艮土，即為「星伏」之地，本星到本宮之位。

九紫到北一坎水，八白到西南二坤土，是為「星衝」之地，本星到對宮合十之位，其吉力會減少。

據筆者繼大師所瞭解，《吊替修造法》之說，古代有些風水擇日師認為不是真訣，亦不提倡，此種説法，見仁見智，各家各法，不予置評。

《本篇完》

後記

繼大師

在風水上的〈九宮飛星〉均以《沈氏玄空》為表表者，而《沈氏玄空》取八宅之宅命原理，用羅盤內廿四山之坐山，以坐山之星（山星）及向首之星（向星）放入中宮，依順逆之法而流佈九宮，使用〈紫白飛星〉之流年、流月、流日、流時等時空之飛星，加入其玄空法內，又以三元卦理上之名詞。

如：

七星打劫、雙山雙向、城門訣、到山到向、上山下水、坐空朝滿、挨星……等，納入其學說中。

更以古法——《紫白訣》用作推斷吉凶尅應之事，這套學說成為廿世紀中葉之風水學理主流。

由於筆者繼大師學習《沈氏玄空》在先，當學習到六十四卦之卦理時，始知道《沈氏玄空》並非《紫白飛星》。

風水門派雖多，其學理之真假容易混淆，經歷時間上之考驗，則真理歸真理，偽法亦可當真，然而偽法在配用上時，亦有機會成為正確之學理，這當中是彩數，不是法則，是機會率，不是真理，因為真訣不能筆錄於書，不可說，根本不可能說也。

這套《紫白精義全書》（初階及高階），可以說是給《沈氏玄空》劃清界線，免與《紫白飛星》互相混淆。

至於在風水斷應上，筆者始終認為是：

以巒頭環境，及室內佈局為主，定吉凶禍福。

以理氣為數據，配合巒頭，判斷所尅應之事。

以上所論，只是個人見解，至於相信與否，可隨緣信受。

寫一偈曰：

玄空元空怎言空。
家家各説盡不同。
山星向星廿四位。
順逆四十八局從。
挨星飛星城門訣。
沈氏玄空不盡同。
名同實異兩相混。
無着紫白定尊崇。

繼大師寫於香港明性洞天
辛巳年三月初十日
改寫于丁酉年孟夏吉日

跋

繼大師

由千禧年十二月開始至 2001 年四月中，以五個月時間，一氣呵成，寫完了《紫白精義全書》，至今（2017 年）已相隔有十六個年頭，感謝〈榮光園文化中心〉給予筆者繼大師機會出版各種五行術數的著作。

為了闡明紫白飛星的道理，及配合正五行擇日法一同使用，故加了不少篇幅，由於《紫白精義全書》內容太多，不得不分為初階及高階，一般用正五行擇日法去配合紫白飛星，使用年、月的紫白星，這已很足夠，但是本住「學嘢學全套」的理念，故著作內容詳盡細緻。

筆者在四次對稿期間，發覺還欠圓滿，故又加插一些圖表在高階內，使讀者易學易明，在《紫白精義全書初階》內，筆者加上一篇前無古人所著的《楊公忌日的手推掌訣》，讀者不必記憶那麼多的繁複資料，用掌訣即可推算得知。

筆者為撰寫此套書籍，廢寢忘餐，每事盡力而為，單是對稿已用了九個月時間，真是嘔心瀝血，讀者們若用功細心研讀，必有所得。

繼大師寫于香港明性洞天
丁酉年仲夏吉日

榮光園文化中心出版有：

繼大師著作目錄

正五行擇日系列

一《正五行擇日精義初階》

二《正五行擇日精義中階》

風水巒頭系列

三《龍法精義初階》

四《龍法精義高階》

正五行擇日系列

五《正五行擇日精義進階》

六《正五行擇日秘法心要》

七《紫白精義全書初階》

八《紫白精義全書高階》

附《紫白原本錄要》及八宅詳解

未出版：

正五行擇日系列

九《正五行擇日精義高階》（附日課精解）

十《擇日風水問答錄》

風水巒頭系列

十一《砂法精義》（一）

十二《砂法精義》（二）

十三《大都會風水秘典》

十四《大陽居風水秘典》

大地遊踪系列

風水古籍註解系列

風水文章系列

風水明師史傳系列

正五行擇日教科書系列 — 紫白精義全書高階

出版社 ： 榮光園文化中心 Wing Kwong Yuen Cultural Center
香港新界葵涌大連排道31-45號, 金基工業大廈12字樓D室
Flat D, 12/F, Gold King Industrial Building,
35-41 Tai Lin Pai Road, Kwai Chung, N.T., Hong Kong
電話 ： (852) 6850 1109
電郵 ： wingkwongyuen@gmail.com

發行 ： 香港聯合書刊物流有限公司 SUP Publishing Logistics (HK) Limited
地址 ： 香港新界大埔汀麗路36號中華商務印刷大廈3字樓
3/F, C&C Building, 36 Ting Lai Road, Tai Po, N.T., Hong Kong
電話 ： (852) 2150 2100
電郵 ： info@suplogistics.com.hk
印刷 ： 印象設計印刷有限公司
Idol Design & Printing Co. Ltd.
版次 ： 2017年8月 第一次版

ISBN 978-988-13442-2-9